Universale Economica Feltrinelli

GHERARDO COLOMBO

IL VIZIO DELLA MEMORIA

Feltrinelli

Prima edizione in "Serie Bianca" novembre 1996
Prima edizione nell'"Universale Economica" ottobre 1998

ISBN 88-07-81516-8

Presentazione

Questo libro mescola parti della mia vicenda personale con altre, conosciute per motivi professionali, che con la prima hanno finito per intrecciarsi tanto fittamente da confondervisi. Nel guardarmi indietro, nel ripescare nella memoria i passaggi, le svolte che hanno costituito la mia strada, mi trovo a ribadire alcune delle tante solenni ovvietà sulle quali, forse perché ritenute tali, non si riflette abbastanza e dalle quali, quasi sempre, ci guardiamo bene dal trarre linee guida coerenti per la nostra esistenza: che nulla accade per caso e che si è, e si fa, in ragione di quello che si è stati. Le cose vissute hanno una logica ferrea per i loro protagonisti, hanno un prima e un dopo, che tuttavia può sfuggire agli estranei.

Insomma, ho messo insieme esperienze personali ed esperienze professionali perché sono rigorosamente interdipendenti, nel senso che il modo in cui ho vissuto le seconde dipende da come sono cresciuto: avessi avuto una cultura (e cioè dei genitori, degli insegnamenti, dei geni, delle abitudini) diversa, avrei vissuto la mia professione in modo diverso. Sotto questo profilo, pertanto, il mio è un punto di vista. È un punto di vista oggettivamente privilegiato, perché si colloca all'interno di quanto racconto o della sua ricostruzione. Ma proprio perché si tratta, comunque, di un punto di vista, ho cercato di evitare di esprimere giudizi. Ho esposto i fatti così come li ho vissuti, e basta (qualche volta, nonostante il proponimento, mi è forse scappata la mano).

Ho intitolato queste pagine *Il vizio della memoria*, perché la memoria, filo che unisce passato, presente e futuro, ha seguito in questo paese le sorti di un vizio più che quelle di un valore rispettato e custodito come chiave di interpretazione fondamentale delle vicende umane e alla fin fine di se stessi. Parlo di vizio in un duplice senso: da un lato, avere memoria dei fatti del passato non è una qualità oggi particolarmente apprezzata; la memoria è un vizio, un ingombro indesiderato che si vorrebbe annullare nell'illusione di essere più "liberi"; dall'altro, la memoria dei fatti può essere inesatta, imprecisa o selettiva, insomma una memoria viziata dalla volontà di adeguare il passato ai fini raggiunti, di asservire ciò che è stato a ciò che si è diventati. Quante volte la memoria è stata condizionata in modo da ricordare soltanto alcune cose passate e censurarne rigorosamente altre!

Questo è un paese che ha poca memoria: il contesto degli eventi meno recenti non lo conoscono più in molti. Altri non lo hanno mai conosciuto, perché troppo giovani.

L'omicidio dell'avvocato Giorgio Ambrosoli, di cui avremmo scoperto esecutori e mandante, è seguito al crac del più grande banchiere privato dell'epoca, Michele Sindona; o meglio, a un evento eccezionale per allora e forse anche per oggi. Michele Sindona, al contrario di quel che era stato fatto (e sarà fatto) per altri potenti, organici al sistema dell'epoca, che si erano appropriati di denaro della comunità e l'avevano spesso sperperato, non è stato salvato.

Michele Sindona, iscritto alla loggia P2, amico di governanti, profondamente inserito negli ambienti finanziari internazionali, definito da una delle persone più potenti in Italia come una specie di salvatore della patria, è stato lasciato fallire e – ripeto, contrariamente alla regola – non è stato reintegrato nelle sue indebite fortune. Anzi, è finito in carcere negli Stati Uniti ed è finito in carcere in Italia, dove è stato condannato all'ergastolo dai giudici di primo grado proprio per l'omicidio dell'avvocato Giorgio Ambrosoli. Michele Sindona è morto a sua volta, in carcere, a Voghera, per aver bevuto un caffè avvelenato. Ero convinto, al momento, che si potesse trattare di suicidio, voluto fino in fondo o conseguenza di calcoli errati nel mettere in opera un colpo di teatro finito tragicamente. Dubitavo, allora, che Michele Sindona fosse in possesso di segreti tali da renderlo pericoloso a qualcuno, perché ormai era emarginato dagli ambienti che contano. Più le indagini di Mani Pulite sono proseguite, e più mi sono convinto del contrario. Non so se sia stato ucciso; potrebbe essere ma potrebbe anche non essere; in ogni caso era sicuramente in possesso di notizie "riservate" molto qualificate, la diffusione delle quali avrebbe messo in difficoltà persone di grande rilievo.

Credo che questo mutamento di opinione sia significativo. Vuol dire che, nonostante il punto di osservazione particolarmente privilegiato (già nel 1992 avevo potuto constatare la patologia della società italiana degli ultimi vent'anni), è stato necessario partecipare alle indagini sulla corruzione per potermi rendere conto, in un percorso non ancora finito, dell'entità e della qualità dell'illecito sommerso, degli intrecci, delle collusioni, degli interscambi, delle complicità tra il potere e il delitto.

Si è trattato di un apprendimento progressivo, come quasi sempre accade. Indagando su Michele Sindona, Giuliano Turone e io abbiamo scoperto la loggia P2, capeggiata da Licio Gelli. Anche di questa, dei suoi iscritti e delle gesta di molti di loro, si è persa memoria. Le indagini sulla loggia P2 sono state trasferite a Roma, in un batter d'occhio, dalla Corte di cassazione: iniziate nel marzo 1981, già nel settembre dello stesso anno trasmigravano. Anni d'investigazioni, e poi il processo di primo grado e quello d'appello hanno portato ad alcune condanne, ma la natura della P2 è riuscita a sfuggire, e quegli intrecci, quelle collusioni, quelle complicità che sarebbero potute emergere allora sono ancora sommersi.

Certo, quella scoperta ha consentito di ampliare il campo visivo in una duplice direzione. Quanto al passato, l'esperienza ha fornito possibili chiavi di interpretazione di alcune cose che già erano successe; quanto al futuro, ha indicato delle vie da seguire, ha aperto la prospettiva di nuove scoperte. Ma allora il livello di conoscenza era ancora troppo limitato: si poteva intuire e supporre, tuttavia mancavano troppi tasselli per ricostruire l'intero mosaico.

Qualcosa di analogo si è verificato con la scoperta dei cosiddetti fondi neri dell'IRI (che riguardavano in effetti soltanto due società del gruppo), avvenuta subito dopo la chiusura delle indagini sull'omicidio dell'avvocato Ambrosoli. Nonostante l'esperienza accumulata analizzando le carte della P2 e verificando i ricatti e le complicità sottostanti alle vicende di Michele Sindona, lo stupore di imbattermi nell'appropriazione di centinaia di miliardi appartenenti a un ente pubblico e destinati a essere utilizzati a fini politici e propagandistici è stato assoluto. In quell'occasione ho iniziato a nutrire i primi sospetti dell'esistenza di un sistema, e cioè che i rapporti tra la gestione del potere e l'illecito non fossero occasionali, sporadici, frutto dell'iniziativa di questo o quel potente, personaggio politico o alto funzionario che fosse.

Anche queste ultime indagini hanno soggiornato a Milano per un breve periodo. Con rapidità forse maggiore rispetto alla vicenda P2, la Cassazione ha deciso per la competenza di Roma e gli atti sono stati trasferiti a quella sede.

Ancora un allargamento della visuale e, insieme, l'inizio di una trama, originata dalle coincidenze, non soltanto nel comportamento della Cassazione, che lega la prima vicenda alla seconda. Per fare un esempio, la banca utilizzata per creare i fondi neri vantava tra i suoi massimi dirigenti almeno una mezza dozzina di persone risultanti dagli elenchi della P2, e colui che materialmente ha curato la costituzione dei capitali distratti era tra queste. E ancora, nel corso di una perquisizione cui sono state sottoposte alcune persone che hanno maneggiato tali fondi, è stato trovato un dettagliato appunto collegabile agli aspetti economici del salvataggio di Michele Sindona. Dai fogli trovati si intuiva che qualcuno avesse stabilito di utilizzare parte dei fondi neri dell'IRI proprio per coprire i buchi delle banche del finanziere fallito.

Ecco dunque il formarsi della memoria, e l'importanza della memoria. I fatti, gli eventi considerati da soli, in sé, senza collegamenti, non significano nulla. Sono episodi, e come tali non fanno parte di niente. Ma metterli l'uno di seguito all'altro vuol dire porre le basi per capire, per stabilire cause ed effetti, per individuare contesti e fare previsioni.

Ho dedicato un capitolo all'attività di consulente della Commissione parlamentare d'inchiesta sulle stragi e il terrorismo, per l'esperienza che ne ho tratto. Perché il frequente contatto con gli ambienti parlamentari, e cioè politici, e cioè partitici, mi ha offerto chiavi di interpretazione privilegiate, la possibilità di spiegarmi perché, nonostante l'asserita diversità (e talora contrapposizione) delle forze politiche, dei partiti, potesse verificarsi che l'emergere di tanti dati, di tanti episodi, di tante situazioni non avesse altri effetti se non quelli, peraltro assai limitati, maturati nelle aule di giustizia. Com'era possibile che l'emergere di tanto marciume non portasse ad alcuna conseguenza, che non si prendessero provvedimenti per conoscere di più e per fare in modo che analoghe situazioni non si ripetessero in futuro? Ebbene, osservando da vicino gli ambienti che dicevo, credo di avere trovato una possibile risposta.

È sicuramente troppo presto per stabilire quale intensità abbiano i legami tra tali vicende e tali ambienti e quanto emerge da Mani Pulite. È presto perché anche in quest'ultima sede da scoprire c'è ancora molto, e le scoperte non finiscono mai di stupire. Proprio perché le indagini sono in corso, e la materia è viva, ho preferito affrontare queste ultime vicende con un approccio diverso, perché l'esposizione potrà essere completa soltanto quando il quadro sarà definitivo. Si può già dire senz'altro, però, che con Mani Pulite è emerso il sistema nella sua completezza. Il sistema della corruzione, intesa non nel limitato senso giudiziario (che si riassume nel dare soldi a un pubblico funzionario con riferimento ai suoi atti d'ufficio, spesso perché questi tradisca il suo incarico), ma nel senso comune, secondo definizione da dizionario, dove corrompere (ho sotto mano un vecchio Zingarelli, sicuramente non influenzato dalle recenti vicende nel settore) è identificato con "guastare, rompere, dissolvere, viziare, alterare, depravare, violare, marcire". Il sistema scoperto con Mani Pulite, perfettamente coerente con gli squarci che si sono aperti in precedenza, è il sistema del guasto dei rapporti, della rottura delle fedeltà, della dissoluzione delle responsabilità, della violazione delle regole e così via. Per intendersi, quando Michele Sindona si lamentava per il trattamento che gli era stato riservato, certo non era giustificabile. Ma il suo punto di vista aveva una logica, perché il fatto che nel contesto complessivo solo a lui si applicassero le regole, e a tutti gli altri no, non aveva spiegazioni. Era fuori dalla normalità l'avvocato Ambrosoli, il fatto che fosse coerente, il fatto che fosse rigoroso, che non si lasciasse corrompere. Ed era fuori dalla normalità Mario Sarcinelli, alto dirigente della Banca d'Italia che stava dalla parte di Ambrosoli, per coincidenza arrestato da un giudice istruttore romano in un momento decisivo per le sorti future di Michele Sindona. Loro erano i devianti, non Michele Sindona, forse nemmeno nell'ordinare l'omicidio di chi più degli altri gli metteva i bastoni tra le ruote.

Nel rivivere, scrivendoli, gli episodi professionali del passato, sono stato costantemente accompagnato da un rammarico. Sono convinto che le scoperte della P2 e dei fondi neri dell'IRI siano state entrambe occasioni per ricostruire il sistema della corruzione con dieci, quindici anni di anticipo rispetto a quanto è successo. È davvero un peccato che queste occasioni si siano perse (non so e non voglio sapere se per sfortunate coincidenze o se per colpa o dolo di qualcuno, mi interessa soltanto il dato di fatto), perché sono convinto che nel frattempo il sistema si sia particolarmente ramificato, affinato e consolidato.

Nel rileggere le pagine che ho scritto mi prende un timore. Che la memoria sia disprezzata da coloro che hanno costruito il sistema e da coloro che ne hanno tratto vantaggi è ovvio. Se sono stati parte della corruzione che ha guastato, rotto, dissolto, viziato, alterato, depravato, violato e immarcescito la convivenza civile e i rapporti tra gli uomini, la memoria per loro è un fastidio, un ostacolo, qualche cosa di cui liberarsi. Ma ho il timore che la memoria non sia tenuta in conto nemmeno da chi con impegno e rigore vuole che si esca dal sistema, vuole contrastare la corruzione e riaffermare un modo di vita civile. Il timore è che anche le persone per bene non abbiano sufficiente memoria. Per esempio, delle conseguenze della separatezza, delle sedi esclusive, della gestione occulta del potere. Se anche gli uomini di buona volontà non hanno memoria, questo paese è in un vicolo cieco.

"Questo è il comandante del SISMI."

"Questo è il nostro ministro!"

"E questo è il ministro per i rapporti commerciali con l'estero."

"Va be', questo lo sapevamo già." Il nome del generale Giannini, comandante della Guardia di finanza, ce lo avevano comunicato per telefono i suoi sottoposti, fedeli allo stato, quando nel corso della perquisizione avevano ricevuto una sua telefonata: "Troverete degli elenchi, in quegli elenchi ci sono anch'io".

"Orca, questo diventerà presidente del consiglio dei ministri tra tredici anni."

E così via, scorrendo quelle carte, quando Giuliano Turone e io abbiamo potuto esaminare il risultato della perquisizione di Castiglion Fibocchi, il posto di lavoro di Licio Gelli.

Licio Gelli, condannato ora complessivamente, ancorché non definitivamente, a decine d'anni di carcere e ancora in libertà, ma allora noto come il signor P2.

E così via, perché dalla lista risultavano altri nomi, di magistrati, di prefetti, di dirigenti massimi e intermedi dei servizi di sicurezza – alcuni dei quali già coinvolti nei depistaggi dei processi per strage – di un altro ministro, di una marea di parlamentari, di ufficiali dell'esercito, dell'aeronautica, della Guardia di finanza, di imprenditori, giornalisti, individui compromessi con regimi dittatoriali stranieri.

E così via.

1.

"Sei sicuro di iscriverti a legge?"

"Non del tutto. Mi piace molto anche fisica, ma penso proprio che sceglierò legge."

"E pensi sempre di frequentarla per poi fare il magistrato?"

"Se mi iscrivo a legge, è per fare il magistrato."

"Sei sicuro davvero?"

Pensavo a tantissime cose, sempre, quando rispondevo a questa domanda che, nel nostro rapporto così acerbo, lei mi poneva sovente. Pensavo a mio padre, al suo lavoro di medico, al segnale forte che mi avevano trasmesso lui e mia mamma. Mio padre non ha mai voluto diventare ricco. Mia madre lo era stata, e lo era ancora un pochino. Hanno vissuto sempre come se il denaro non esistesse. Ce n'era sempre abbastanza, ma mio padre non lavorava per quello. Ha lavorato tanto per la dignità del suo lavoro, di se stesso e della gente che gli stava intorno. Ha continuato per anni da generico, alzandosi la notte per recarsi a visitare chi aveva bisogno. E poi, più anziano, quando avrebbe potuto "far soldi", si è sempre rifiutato di venire a patti con sé. Devono aver fatto fatica all'inizio, tre figli in tre anni.

E mia madre era del tutto in sintonia con quello che adesso mi sembra, in entrambi, essere stato il desiderio di vivere piuttosto che avere.

E pensavo al nonno Gherardo, il papà di mia mamma, con quella sua vita così contraddittoria, ma vera. Lui sì, ricco, al punto di possedere, ai suoi tempi, più di un aereo. Ma non ostentava il lusso e rifuggiva il potere, che pur tante volte gli era stato offerto. Non era mai stato una persona verso la quale gli altri sentissero distacco.

Pensavo all'onore del bisnonno materno, il papà di mia nonna di cui i racconti familiari dicono che, coinvolto in affari sfortunati, non aveva esitato a restituire il suo titolo nobiliare e a rientrare nella forza lavoro della nazione: capostazione a Como.

Pensavo sicuramente a tutto ciò, anche se di qualcosa soltanto ero consapevole, ma non c'era soltanto questo. C'era anche una forte volontà di riscatto dai miei studi approssimativi (fino al ginnasio ero stato un disastro) e dai miei pessimi risultati. C'era forse anche un po' il desiderio di togliersi da taluni impicci della vita (ricordo, per esempio, quanta fatica aveva fatto mio padre, ormai radiologo, per poter ottenere la "licenza" di lavorare con gli enti pubblici, come professionista esterno come facevano allora in tanti, e quante umiliazioni aveva subito senza ottenere alcun risultato, suppongo per non essersi piegato a pagare tangenti). Non c'era prestigio allora, negli anni sessanta, per la professione che avevo scelto. E nemmeno l'aspetto economico, lo stipendio, era soddisfacente.

C'era anche l'esempio guascone di un altro bisnonno (sempre da parte di madre, il ramo paterno è di discendenza operaia, e quindi di loro assai poco si è tramandato). Mi aveva fatto un grandissimo effetto quest'antenato, divenuto avvocato, e nominato d'ufficio difensore di un omicida, alla sua prima causa. Ce l'aveva messa tutta, ma l'uomo era stato condannato all'ergastolo. Subissato dai sensi di colpa, il bisnonno decise di passare un vitalizio alla moglie e ai figli di quel disgraziato e di ritirarsi dalla professione. Certo, poteva permettersi un simile lusso, ma pensate l'impressione di quel gesto su un adolescente!

Supero la maturità, mi iscrivo a giurisprudenza, mi laureo e, avendo già deciso il mio futuro, comincio a frequentare il palazzo di giustizia.

Il 12 dicembre 1969, preistoria, qualcuno mise una bomba all'interno della Banca nazionale dell'agricoltura, a Milano, in piazza Fontana. La bomba scoppiò e fece una strage, sedici morti e ottantotto feriti. Sembrava che le indagini, dopo anni di depistaggi, andassero per il verso giusto, grazie, tra l'altro, alla solerzia e all'impegno di Emilio Alessandrini, pubblico ministero, e di Gerardo D'Ambrosio, giudice istruttore. Quei nomi figuravano sulle targhette applicate alle rispettive porte, nel palazzo. Per me, fresco di laurea, leggerli è stata un'emozione difficilmente ripetibile. Forse proprio mentre leggevo i nomi di Gerardo D'Ambrosio ed Emilio Alessandrini sulle porte davanti alle quali passavo ogni giorno, e mi inorgoglivo del fatto che, se ce l'avessi fatta, di lì a poco sarei diventato loro collega, altri, i cui nomi avremmo scoperto essere inseriti nella lista della loggia P2, tramavano perché Alessandrini e D'Ambrosio non trovassero niente. Costoro, il comandante dell'ufficio D del SID Gian Adelio Maletti e il capitano del servizio Antonio Labruna, responsabili di livello elevato dei servizi segreti, sono stati scoperti anni dopo, e anche condannati (a meno che qualche amnistia sopravvenuta non abbia consentito loro di andare esenti da pena); i miei futuri colleghi però sono stati posti in condizione di non scoprire più nulla. Ironia della sorte, una delle persone che sapeva di più di tutta la vicenda, l'estremista di destra Marco Pozzan, è stata fatta espatriare, dai servizi, con un passaporto falso intestato a certo Mario Zanella: troveremo anche questo nome, molti anni dopo, nelle liste della P2.

2.

Fin verso i sedici anni era normale, per me e i miei fratelli, passare le vacanze estive a Renate. Due, tre settimane al mare, con tutta la famiglia, e prima e dopo al Tornago, la frazione-cascina che rappresentava un piccolo feudo del nonno Gherardo, allora completamente isolata dal paese e circondata dai campi. La cascina, un grande rettangolo con cortile centrale, era divisa in due parti: uno dei lati minori, che si affacciava sul giardino, era abitato dai nonni; gli altri tre lati dalle famiglie dei contadini. Benché al Tornago non esistessero, nemmeno allora, forme di sfruttamento brutale della manodopera, le condizioni di vita tra l'una e le altre parti del cortile erano estremamente diverse: da una parte si era ricchi e dall'altra poveri.

La vita dei contadini seguiva il mutare dell'anno, faticosa, rituale e, per molti aspetti, ripetitiva. Il tempo d'estate era scandito dal frumento e dal granturco, con gli infiniti intermezzi del fieno. La coltivazione era tutta manuale, se si eccettua una macchina, la trebbiatrice, che girava di paese in paese, cominciando alla fine di giugno, per dividere dalla paglia il grano appena mietuto. L'arrivo della trebbiatrice era, per noi bambini, molto più di una festa. La macchina, un insieme di cinghie e pulegge scoperte, montate su un corpo di legno allungato, tenuto insieme da piattine e squadre metalliche, dipinto dello stesso granata sbiadito del quale sono ancora colorate le persiane alle finestre delle case più vecchie, aveva una bocca alla sua sommità e due orifizi alle due estremità anteriore e posteriore.

Arrivava la sera tardi, talvolta la notte, trainata da uno dei rarissimi trattori allora esistenti, usualmente attardata dal fango di strade spesso ipotetiche e già insufficienti ad assicurare l'integrità alle poche vetture in circolazione. La macchina, che per noi bambini aveva il fascino del mostro, si cominciava ad aspettarla giorni e giorni prima: come spesso succede, l'attesa forniva le emozioni più intense. Una sera, una notte, giungeva, e anche quello era un momento di forte partecipazione. La macchina veniva installata davanti al portone principale del Tornago, e per ore era un andirivieni di operai che, alla luce di lampadine volanti che funzionavano grazie a improbabili allacciamenti, procedevano al montaggio delle parti staccate per facilitare lo spostamento, all'aggancio delle cinghie alle relative pulegge, all'attacco, ancora con una lunga cinghia in gomma e tessuto, della ruota che avrebbe fatto funzionare tutto l'"intraken" della trebbiatrice al motore del trattore. La macchina, infatti, non aveva motore e dipendeva per tutto dal trattore.

La mattina successiva, ecco davanti agli occhi il simbolo dell'estate, l'immagine che, prima dell'invenzione della pubblicità e dei viaggi organizzati, richiamava alla mente i mesi più caldi, le giornate più lunghe dell'anno.

La trebbiatrice, mossa dalla lunga cinghia che prendeva forza dal trattore dal rumore assordante, cominciava a funzionare, producendo anch'essa un baccano da mostro. Intorno una selva di carretti, disposti a processione, stracolmi di fascine di grano; su ogni carretto un contadino armato di forca; sulla sommità della macchina altri contadini, armati pure di forca; alle aperture poste alle estremità della macchina ancora contadini con carretti vuoti, pronti per essere riempiti. Dal carretto più vicino alla macchina i contadini, con le forche, prelevavano i fasci di grano e li passavano ai medesimi attrezzi di chi si trovava sopra la trebbiatrice. Questi, ricevuta la fascina, senza mai staccarla dal forcone, la lasciavano cadere nella bocca della macchina, che provvedeva con i complicatissimi marchingegni al suo interno a separare il grano dalla paglia e dalla crusca, a comprimere la paglia e a restituire la materia separata attraverso i buchi posti alle estremità. Da una parte, quindi, i contadini caricavano le balle di paglia su carretti che immediatamente partivano per lasciar posto ai nuovi, dall'altra la macchina riempiva di grano "automaticamente" (per quanto potesse essere automatica una cosa allora) dei sacchi che venivano caricati ancora da contadini su altri carretti, e che, pieni, venivano avviati a un temporaneo immagazzinamento, prima di essere trasferiti al mulino. Non ricordo se esistesse un buco apposito per far uscire anche la "crusca" perché quella, leggera com'è, volava comunque dappertutto e si depositava su vestiti, capelli, ciglia di chi si trovasse nel raggio di una quindicina di metri.

Dopo che se n'era andata, della trebbiatrice si parlava ancora per giorni.

La trebbia rappresentava per noi, ma credo per tutti, l'inizio dell'estate, l'apertura della stagione più viva e più libera, nella quale gli obblighi, i doveri erano ridotti al minimo, sia per la chiusura delle scuole, sia per l'assenza dei genitori, rimasti in città. Dopo il culmine dell'impegno raggiunto con la trebbiatura, anche per i contadini (e per i loro figli, con i quali io e i miei fratelli passavamo ogni loro minuto libero a giocare) i ritmi si allentavano per qualche giorno, e succedeva che tutte le sere i maschi si ritrovassero, fuori dall'ingresso principale del cortile, su un prato blandamente illuminato dai lampioni dell'unica strada vicina, a raccontare le esperienze passate, sorreggendo il dialogo con qualche fiasco di vino e rarissime bottiglie di grappa. Esperienze che potevano essere le più varie e disomogenee: la prigionia di guerra in paesi lontani, piuttosto che la qualità della carne del macellaio del paese vicino.

Passavano così la serata, seduti nel prato, a parlare. E noi bambini (anche noi solo maschi) ad ascoltare e a immaginare; a divertirci delle baruffe che di tanto in tanto scoppiavano per qualsiasi nonnulla e che quasi sempre si ricomponevano in un baleno; a spaventarci dei rarissimi litigi, provocati, sembrava, dalla suscettibilità di qualcuno, ma che più facilmente avevano radici lontane che noi piccoli, che conoscevamo soltanto briciole di vita, non potevamo nemmeno intuire; a imparare non solo le cose che si fanno, ma che si cresce, si cambia, si vive, si muore, e che le storie che si raccontano qualche volta riguardano persone che non esistono più.

Come la trebbia del grano simboleggiava l'inizio dell'estate, la raccolta del granturco richiamava l'autunno. Quando le giornate si facevano sempre più corte, a settembre, i contadini coglievano le pannocchie mature, lasciando ancora radicati nel terreno i *malgasc*, i fusti della pianta. Le pannocchie venivano accatastate nei portici all'interno del cortile, ancora ricoperte delle foglie che le racchiudevano e la sera, alla luce di fioche lampadine, ogni famiglia, seduta a semicerchio davanti alla porta di casa, provvedeva a *slouà*, e cioè a separare le pannocchie dalle foglie, con un'operazione che assomigliava, anche se più complessa e articolata, a quella di sbucciare una banana.

All'operazione partecipavano tutti, maschi e femmine, giovani e anziani, e anche quello era un pretesto, una volta recitato il rosario in un latino coniugato al dialetto, per chiacchierare. In queste occasioni tenevano banco le donne: erano loro che raccontavano fiabe, storie, ma anche episodi di vita. Talvolta facevano allusioni, e in questa, come in altre occasioni, davano l'impressione d'essere assai più loro, che non i maschi, a decidere della vita familiare e, di conseguenza, della comunità della cascina. E inducevano il sospetto che le riunioni sui prati estivi di soli maschi avessero origine dalla ricerca di piccoli spazi di autonomia piuttosto che dal desiderio di escludere l'altro sesso.

Quelle sere si respirava la fine. La fine dell'estate, ma non soltanto quella. Di lì a poco saremmo tornati a Milano, sarebbero riprese le scuole, avremmo perso gli spazi della natura, la libertà del tempo, il privilegio di essere, con i nonni, gli assoluti padroni di casa e, più ancora, i destinatari continui, oltre che del loro affetto, delle loro attenzioni. E, inoltre, c'era il buio che avanzava, le prime foschie, l'umidità, il freddo, e quindi il crescere di bisogni inimmaginabili d'estate. La necessità di vestirsi, di coprirsi per evitare il freddo; il dover accendere la luce già prima di cena, e quindi le paure del buio quando si attraversava, intorno alle otto, il cortile, per andare a cercare gli amici, per *slouà el formenton* con le loro famiglie, e poi, ancora di più, per tornarcene a casa, per fare quei cinquanta metri nell'oscurità che, nonostante la protezione delle case tutt'attorno (eravamo, comunque, in cortile), temevamo potessero dare occasione a umani e a fantasmi di portarci via, di spaventarci. E poi accenni di melanconia, di una sorta di nostalgia senza sapere di cosa, che lentamente si accentuavano fino al momento concreto della sofferenza per il distacco, la partenza e il rientro in città.

Dev'essere stato in quelle sere che inconsapevoli radici

hanno incominciato a infilarsi nel terreno dei perché sulla vita e la morte. Gli inizi risalgono forse a dove la memoria non si conserva, a quando si è piccoli davvero. Prima non si coglie, poi si sfiora; è necessario che passino anni per percepire qualcosa, per collegare. E di collegare non si finisce mai, perché non si è mai finito, perché non si è mai arrivati. Le paure ancestrali, l'angoscia di vivere, il disagio, anche soltanto le tristezze del giorno; e il passaggio del tempo, il cambiare delle stagioni, i giorni più corti, più freddi mostrano tutti i limiti di ognuno di noi. E la progressiva constatazione dei limiti porta ad apprendere il profondo, l'assoluto: l'essere finito.

Io non so, non ricordo quando mi sono reso conto di essere mortale. In ogni caso non l'ho ammesso, non ho accettato di saperlo, se non in tempi relativamente recenti. Ho fatto, e sto facendo, fatica per non perderne la consapevolezza e allo stesso tempo non lasciarmi dominare. In questi ultimi anni ho collegato la morte e il potere, trovandomi di fronte a una forma di rivelazione che successivamente ho saputo aver toccato anche altri prima di me: a perenne riprova che spesso le personali scoperte ci paiono originali soltanto grazie alla nostra ignoranza.

3.

In Italia l'ingresso in magistratura avviene attraverso una procedura assai semplice, in qualche misura singolare. È necessario, avendo i requisiti di base (laurea in giurisprudenza, età, assenza di precedenti penali significativi), vincere un concorso per esami ai posti che di volta in volta il Consiglio superiore della magistratura pone a disposizione, essendo venuta meno, per le più svariate ragioni, la relativa copertura. Il concorso si articola in tre prove scritte (diritto civile, penale e amministrativo, con riferimenti di diritto romano per il primo tema, e delle relative procedure per tutti) e in una lunghissima prova orale, che comprende una decina di materie, cui può accedere soltanto chi ha superato gli scritti.

La selezione è rigorosissima, perché a ogni concorso, tramite il quale sono banditi ogni volta circa duecento posti, partecipano migliaia di candidati. I giochi si decidono in massima parte nella prova scritta, assolutamente anonima, perché le commissioni, composte di magistrati e professori di diritto, di regola sono orientate ad ammettere agli orali un numero di candidati pari, o solo leggermente superiore a quello dei posti disponibili. Questo non esclude che varie persone siano dichiarate non idonee nel corso degli orali, ragion per cui può capitare che i vincitori del concorso non coprano tutti i posti disponibili.

I magistrati sono circa ottomila e ormai – esauritisi, per raggiunti limiti di età, i cosiddetti togliattini, assunti poco dopo la fine della guerra per reclutamento straordinario e così chiamati dal nome del ministro della giustizia dell'epoca – tutti diventati tali a seguito di concorso.

La semplicità della procedura è evidente. La singolarità è duplice: da una parte sta proprio nella semplicità, perché basta il concorso per diventare magistrati (al contrario di quel che avviene in molte altre parti d'Europa e del mondo); dall'altra è nella assoluta indipendenza del metodo, che non consente selezioni basate su altro che non sia la capacità. L'anonimato che caratterizza le prove scritte costituisce una garanzia notevole, anche se non assoluta, di impermeabilità a condizionamenti esterni della commissione esaminatrice.

Il concorso è interminabile, dura in media intorno ai tre anni.

Ho iniziato l'*iter* per diventare magistrato nel 1971 e l'ho terminato nel 1974. Che il concorso richiedesse un impegno e una preparazione fuori dal comune l'avevo capito già prima di affrontarlo. Convinto di poter mettere a punto la mia preparazione contemporaneamente lavorando, ero riuscito a farmi assumere da una compagnia di assicurazioni, dove ero incaricato di controllare, insieme ad altri colleghi, il lavoro dei liquidatori, e cioè di coloro che constatano i danni e materialmente li risarciscono a chi li ha subiti.

Non essendo capace – credo per natura – di svolgere l'attività con distacco, uscivo dall'ufficio tutte le sere distrutto e disgustato. Distrutto perché i ritmi di lavoro erano frenetici, disgustato perché la bravura consisteva nel rinvenire sistemi che potessero consentire alla compagnia di non risarcire il danno: mi è sempre piaciuto essere bravo, ma mi metteva in conflitto esserlo, come accadeva, a discapito delle persone più deboli.

Insomma, l'intenzione di studiare la sera non era mai diventata concreta, e l'esperimento, che pure avevo tentato, di partecipare al concorso avvalendomi delle sole conoscenze universitarie, completamente fallito.

Quindi mi dimetto, e passo il mio tempo a studiare fino agli scritti del concorso successivo, sbarcando il lunario, la mia moglie di allora e io, con i lavori più strani e più saltuari (e con un non trascurabile aiuto dei rispettivi genitori). Fatti gli scritti (che li avevo superati lo saprò un anno dopo), inizio a frequentare il palazzo.

Erano gli anni delle bombe e degli scontri di piazza. Dal

dicembre 1969, da piazza Fontana, una continua *escalation*: il 31 maggio 1972 una bomba inserita nel cofano di una Cinquecento fa saltare per aria alcuni carabinieri a Peteano, vicino a Trieste, provocando la morte di tre persone; il 17 maggio 1973 sulla porta della Questura di Milano un altro eccidio, un'altra bomba, e i morti sono quattro; il 28 maggio 1974 a Brescia un ordigno, collocato in un cestino della carta straccia in piazza della Loggia, fa un'altra strage nel corso di una manifestazione sindacale, otto morti; il 4 agosto dello stesso anno un'ennesima bomba, piazzata su un treno, stronca la vita di dodici persone in una delle gallerie che uniscono Firenze a Bologna. Oltre agli attentati che falliscono, alle bombe che fortunatamente non esplodono, o non provocano danni, su altre tratte ferroviarie, sempre intorno Firenze.

Più o meno in quel lasso di tempo, nel corso delle manifestazioni di piazza organizzate dalle destre estreme, dagli eredi del fascismo, piuttosto che dalle sinistre anarchiche e pseudorivoluzionarie, muoiono a Milano il giovane Saverio Saltarelli, colpito dalle forze dell'ordine, Antonio Marino, agente di polizia dilaniato da una bomba a mano, Giannino Zibecchi, travolto da un camion dei carabinieri. Il giovane Sergio Ramelli, estremista di destra, viene sprangato a morte da rivali dell'opposta fazione.

Il 17 maggio 1972 è stato freddato a colpi di pistola Luigi Calabresi, commissario di polizia, quasi un'esecuzione per la pretesa responsabilità della morte dell'anarchico Giuseppe Pinelli, ingiustamente coinvolto nelle indagini per la strage di piazza Fontana. E tanti, tanti altri perdono la vita in scontri di piazza, attentati, agguati, a Milano, a Roma, a Pisa, un po' ovunque.

Prima ancora, nel dicembre 1968, la polizia aveva sparato sui braccianti ad Avola, in Sicilia, causando due morti, e un episodio analogo si era verificato poco dopo, nell'aprile 1969, a Battipaglia, in occasione di uno sciopero del tabacchificio locale. La violenza, "politica e non", non avrebbe più lasciato l'Italia e l'Italia cominciava (o continuava) allora a dividersi.

Forse più del Sessantotto, erede del maggio francese, influenzavano quegli anni l'atteggiamento e la forza dei sindacati, che avevano portato in piazza non soltanto gli operai e per rivendicazioni non soltanto economiche. Il progredire delle parti più deboli della società era osteggiato pesantemente dall'estrema destra, protetta da consistenti parti deviate dei servizi di sicurezza, ed era reso difficile dagli sbandamenti della sinistra anarcoide sempre più violenta.

Sempre in quegli anni le piazze cominciavano a essere frequentate anche da cortei di borghesi, che si autodefinivano "maggioranza silenziosa", e avevano buone possibilità di inserirsi tra i vari estremismi e rivendicare, pur non avendone titolo, di rappresentare la maggioranza del paese. Questi borghesi si facevano credere, pur senza esserlo, "il centro politico" della nazione, la maggioranza dei cittadini, e lamentavano di non essere considerati perché meno "rumorosi" delle forze che fino ad allora erano scese in piazza.

Il fermento, le assurdità, qualche volta persino i fanatismi dell'epoca si riflettevano all'interno della magistratura.

Nella vita della repubblica la magistratura italiana ha avuto una storia a dir poco vivace. Monolitica e impregnata di una cultura formale dell'indipendenza ma, dal punto di vista sostanziale, spesso inconsapevolmente ossequiente nei confronti degli altri poteri, sottomessa economicamente (si dice non fosse raro, negli anni cinquanta, incontrare giudici con i buchi nelle scarpe), all'inizio, nella stragrande maggioranza dei suoi componenti, viveva isolata nella torre d'avorio che si era costruita e spesso si rifiutava di conoscere la realtà che la circondava.

Gli alti gradi mantenevano atteggiamenti ispirati al modello gerarchico, così forte in epoca fascista, facilitati dalla lentezza esasperante dell'adeguamento delle leggi esistenti alla Costituzione. La possibilità di progredire nella carriera soltanto attraverso esami e ulteriori concorsi uniformava i personali convincimenti giuridici a quelli della Cassazione, e cioè a quelli dei giudici più anziani che, pur non piegandosi, avevano consentito che la loro professione convivesse col fascismo.

La storia della magistratura italiana, di molti dei suoi componenti, si è sviluppata attraverso le modificazioni interiori di coloro che ne fanno e ne hanno fatto parte, e attraverso il "rimpiazzo" delle idee e dei modi di essere di coloro che se ne sono allontanati per aver raggiunto la pensione, per morte, per aver cambiato lavoro, con le idee e i modi di coloro che via via sono subentrati. È la storia di una tensione crescente, benché contraddittoria, discontinua, non sempre univoca, verso la realizzazione dell'indipendenza sostanziale dagli altri poteri: istituzionali (come il legislativo e l'esecutivo) e non, come il consenso, il denaro, il potere. Un cammino che ancora oggi non è compiuto fino in fondo, perché molti, e da parte di molti, sono i passi da fare per giungere alla completa emancipazione; un cammino che nei primi anni settanta viveva contemporaneamente le maggiori accelerazioni e le maggiori difficoltà.

Superati gli scritti, tramite amici comuni ho conosciuto i primi futuri colleghi. Le mie idee sulla vita erano abbastanza chiare, e mi era abbastanza chiaro come avrei interpretato la mia professione: avevo, e mantengo, un paio di convinzioni profonde – uguaglianza e proporzione – che coincidevano esattamente con l'ispirazione di fondo della Costituzione della repubblica.

I magistrati, associati in una loro organizzazione nazionale contemporaneamente sindacale e culturale, erano allora divisi in quattro correnti, "scuole di pensiero" sul modo di intendere la professione e altro, e io ritenni di frequentare fin da subito Magistratura democratica, quella definita più a sinistra, perché immediatamente mi parve, dopo averla conosciuta dall'esterno attraverso gli scritti dell'epoca (articoli, riviste, pubblicazioni), esprimere i contenuti più vicini alle mie idee. Ciononostante, è stato quasi casuale che i primi futuri colleghi incontrati aderissero a Magistratura democratica. Conoscere qualcuno, e cominciare a frequentare le assemblee, e cioè le riunioni in cui gli iscritti e i simpatizzanti discutevano degli argomenti più vari, è stato tutt'uno. Ed è stato tutt'uno constatarne immediatamente la profondità e gli eccessi.

Anche la nascita delle correnti è il risultato della crescita della magistratura dal fascismo ai giorni nostri. All'inizio non ne esistevano, mentre esistevano due associazioni distinte e separate a livello nazionale, l'Unione magistrati italiani e l'Associazione nazionale magistrati italiani.

Della prima non ha neanche senso parlare perché, raccogliendo i magistrati più anziani, si è prima assottigliata ed è poi scomparsa con il venir meno dei suoi componenti originari, che non hanno avuto che occasionali e sporadicissimi ricambi. L'altra, l'associazione, raduna ormai tutti i magistrati che hanno ritenuto opportuno aderire a un organismo rappresentativo. Essa ha avuto e ha tuttora una vita interna travagliata, ma assai intensa, perché la continua evoluzione del costume e del modo di intendere la magistratura ha creato aggregazioni di magistrati (appunto le correnti) assai mutevoli, in quanto frutto di scissioni, unificazioni, ulteriori scissioni e altre unificazioni e così via, fenomeni legati al cambiare delle idee, degli interessi sindacali, qualche volta del modo di intendere il mondo, raramente (ma è successo anche quello) delle ambizioni dei relativi esponenti di maggior spicco.

Allora, nei primi anni settanta, la mappa delle correnti era la seguente. Magistratura indipendente, la più conservatrice, aggregava al proprio interno soprattutto gli eredi dell'UMI. Un suo leader sarebbe stato espulso dalla magistratura a seguito della scoperta della P2, mentre un altro avrebbe preferito dimettersi ed evitare così il giudizio (lo scandalo avrebbe coinvolto altri colleghi, anche uno appartenente a Magistratura democratica, ma a livello meno grave). Magistratura indipendente era allora maggioritaria e, dato il sistema elettorale esistente a quel tempo, i suoi componenti detenevano la maggioranza assoluta nel Consiglio superiore della magistratura. C'erano poi Terzo Potere, più caratterizzato per la natura sindacale che non per le idee; Impegno costituzionale, dalla natura molto ideale ma anche, per certi aspetti, assai tradizionale; e, ovviamente, Magistratura democratica. Ciascuna corrente aveva vita propria, scandita soprattutto dalle assemblee, nel caso delle più caratterizzate dal dibattito delle idee, piuttosto che da costosi convegni, nel caso delle più conservatrici o sindacalizzate.

Profondità ed eccessi, senso dello stato e interessi di casta, o solo di ceto sociale: com'erano diverse, allora, le correnti!

Esistono due modi distinti d'intendere le professioni e i mestieri, qualunque essi siano. C'è chi pensa che il proprio lavoro debba servire anche agli altri, e chi ritiene che debba servire soltanto a se stessi. In alcuni mestieri, per le loro stesse caratteristiche, la differenza si esaspera: ciò si verifica soprattutto quando la professione consiste nell'esercizio di una funzione pubblica, perché la differenza in questo campo è tra il ritenere di svolgere un servizio, anche tecnicamente, e il pensare di esercitare un'attività a proprio favore. Non vorrei essere frainteso, e che si intendesse il "servizio" come una specie di missione, lo si facesse coincidere con il sacrificio e la rinuncia: prestare un servizio non esclude, e non è conflittuale, con l'aspirazione a un'adeguata retribuzione, con l'assunzione di incarichi direttivi, con la dignità, anche estetica, del proprio posto di lavoro. Comporta, però, che il proprio personale interesse sia subordinato al servizio. Comporta, cioè, che il compenso e il prestigio che derivano dalla professione, la carriera, non siano in conflitto con il servizio che si rende tramite la professione stessa.

Non credo esista una coincidenza tra la partecipazione all'una piuttosto che all'altra corrente e la presenza, o meno, di spirito di servizio. Certo, in qualche corrente si sono ritrovati più facilmente coloro che hanno cercato nella magistratura la soluzione ai propri problemi, di potere, economici, o altro, ma non mi è mai parso che sia la corrente di per sé a determinare tali situazioni.

Piuttosto, esistono diversità forti dipendenti dalle sensibilità: verso la Costituzione e la sua attuazione; verso la persona, anche quando autrice di reati; verso il sistema carcerario, in Italia da sempre, e anche ora, disastroso.

All'epoca gli aderenti a Magistratura democratica erano dai più considerati delle specie di sovversivi, nella stragrande maggioranza dei casi solo a causa della loro sensibilità nei confronti della società. Magistratura democratica era molto organizzata, e cercava di portare avanti una proposta di interpretazione della legge che consentisse la massima attuazione della Costituzione, specialmente nel campo dei diritti della persona e della vivibilità dell'ambiente. Gli eccessi nel l'ambito professionale esistevano, sia circa l'interpretazione della legge, sia circa l'elaborazione di un sistema che da interpretativo della legge poteva diventare ideologicamente orientato, sia circa le modalità di intervento, ma erano in genere marginali. Anche in Magistratura democratica poteva non esistere, nelle singole persone che vi aderivano, il senso delle istituzioni e dello stato. Chi non l'aveva tendeva a strafare, e poteva succedere che assumesse posizioni, che mantenesse comportamenti non coerenti, se non addirittura in contrasto, con la propria funzione di magistrati.

Soprattutto per questo Magistratura democratica era criticata, e i suoi aderenti erano accusati di essere "politicizzati", cioè di strumentalizzare la propria professione a fini politici. Si coniarono definizioni come "pretori d'assalto", con le quali si indicavano i giudici a volte più disinvolti nell'individuare illeciti in attività consentite anche se dannose per la collettività, ma di solito professionalmente assai preparati e attenti a curare l'applicazione di norme che, ponendo divieti per i ricchi e i potenti, sembravano sovente essere cadute in disuso.

Ed era "politicizzata", Magistratura democratica, perché molti al suo interno pensavano. Non è mai piaciuto, al potere, un magistrato che pensa. Non è mai piaciuto nemmeno a tanti magistrati, pensare. Perché, tante volte, pensare, mette in crisi il proprio operato, toglie l'alibi della norma, che va rispettata e basta, tutto il resto sono problemi che non riguardano né il magistrato né tanto meno la sua coscienza.

Che ironia quell'accusa di politicizzazione rivolta a Magistratura democratica! Consapevolmente o meno, tanti magistrati che le erano estranei avevano fatto politica, non tanto perché frequentassero gli studi, i gabinetti e i salotti di personaggi politici di spicco, le stanze di chi stava al potere, quanto perché le loro decisioni erano influenzate dalla forma mentale, dalle ricadute culturali che quelle frequentazioni causavano, o più spudoratamente uniformavano *tout court* tali decisioni ai desideri dei potenti.

Un altro termine, "collateralismo", coniato allora e usato a senso unico nei confronti di Magistratura democratica, sempre per screditare e in qualche modo minare l'autonomia dei suoi aderenti agli occhi dell'opinione pubblica, sarebbe stato invece perfetto per descrivere quelle situazioni, quegli intrecci, quelle elargizioni di favori, quegli "aggiustamenti" che erano in realtà, all'atto pratico, la specialità di altri colleghi. Colleghi che, ovviamente, coloro che traevano vantaggio dai loro comportamenti, chiamavano indipendenti.

4.

Dopo qualche anno, ecco il terrorismo. Uno dei frutti di quel Sessantotto italiano, apparso come una tappa importante verso l'emancipazione, poi rivelatosi per molti un'occasione perduta, fallita, un tradimento.

Io non ho "fatto", come si dice, il Sessantotto. Quando proprio alla mia università, la Cattolica di Milano, iniziavano le prime occupazioni, "cominciava il Sessantotto", io iniziavo il servizio militare, che avevo deciso di anticipare all'ultimo anno di università, per liberarmene.

E così, mentre molti studenti della Cattolica prima, e dell'Università Statale poi, si davano da fare e contribuivano perché molti altri aprissero gli occhi, io passavo il mio tempo sui libri, per finire gli esami che mi mancavano, e su una tecnologica macchina per scrivere negli uffici del comando del Corpo d'armata, perché comandato a farlo dai miei superiori con le stellette. Non ho fatto il Sessantotto, ma mi sono entusiasmato quasi subito, come altri, per la ventata di novità, per l'impegno nel mostrare a tutti contraddizioni e mancanze della società dell'epoca, per la schiettezza della denuncia e per la profondità delle analisi.

Come tanti, ci ho messo molto ad accorgermi che la spinta ideale, se mai c'era stata, si trasformava per alcuni, per molti dei capi, in una tensione verso il potere, meglio se supportato da tanto, tanto denaro, anche a costo di contraddire la più recente immagine di sé. Quanti di loro, anche conosciuti personalmente, sono stati capaci di passare, senza alcuna soluzione di continuità, dal predicare l'uguaglianza al praticare la sopraffazione!

Ci ho messo molto a capire, dalle prime avvisaglie, la nascita del terrorismo. Fatto sta che nel giro di poco tempo quella che appariva come una sarcastica fronda castigatrice di costumi, magari violenta nei modi ma non negli effetti, si è trasformata in un attacco meditato e sistematico, fatto di sangue e di morte, nei confronti delle istituzioni, da chiunque fossero rappresentate.

I miei ricordi individuano il segno inequivocabile del cambiamento nel duplice omicidio di due aderenti al Movimento sociale italiano, commesso a Padova dalle Brigate Rosse. Anche in precedenza il progressivo affermarsi di questi movimenti aveva portato a fatti di gravità estrema, ma non omicidi, e si poteva, forse, nutrire ancora dei dubbi. Da allora non più. E da allora la progressione verso il terrore è stata sempre più marcata.

"Oggi, alle quattro, c'è l'assemblea. Ricordati di venire, dobbiamo parlare dello schema di coassegnazione, non puoi mancare."

"Farò il possibile. Oggi pomeriggio, però, sono in università, ho lezione. Non credo di riuscire a liberarmi in tempo. Se arriverò più tardi scusatemi."

Era la tarda mattinata del 19 marzo 1980, sono state le ultime parole scambiate con Guido Galli. Il pomeriggio avremmo dovuto illustrare ai colleghi dell'ufficio istruzione lo schema che consentiva di assegnare la stessa indagine a più giudici istruttori, schema studiato da Guido e da me per aumentare la produttività del nostro lavoro e per diminuirne i rischi. L'applicazione dello schema, della procedura, era avversata da alcuni colleghi, per motivi che ancora adesso non ho compreso.

L'attacco del terrorismo ai magistrati si era intensificato proprio in quel mese di marzo in un modo impressionante. Nei giorni immediatamente precedenti erano stati uccisi, rispettivamente il 16 e il 18, un collega in Campania, Nicola Giacumbi, e un altro a Roma, Girolamo Minervini.

Non avrei più rivisto Guido. Mentre noi eravamo riuniti nell'assemblea dell'ufficio, lui, alla fine della sua lezione, giratosi verso chi l'aveva chiamato "Professore, professor Galli", era stato freddato da alcuni colpi sparati da giovani di Prima Linea.

Avevo conosciuto Guido già prima del concorso, avendo seguito alcune sue lezioni per aspiranti magistrati. Lo avevo incontrato di nuovo durante il mio tirocinio. Presiedeva allora la terza sezione penale del tribunale, e io passai anche di lì, per circa tre mesi, per imparare a fare il giudice. Guido era una persona eccezionale sotto tutti i punti di vista. Viso affilato, capelli corvini pettinati all'indietro, un amore sfrenato per lo sci e profondissimo per la sua numerosa famiglia, sapeva insegnare, sapeva investigare, sapeva giudicare, condotto, oltre che da una notevole cultura, da una ragionevolezza e da una capacità di afferrare il senso delle cose per nulla comuni.

Gli era stata assegnata un'indagine, che sarebbe potuta capitare a molti di noi, anche a me, su un'organizzazione terroristica milanese. Questa, grazie all'abilità di Guido, era stata analizzata, frazionata, sezionata, ricomposta, ricostruita attraverso ogni elemento – cercato pazientemente tramite deposizioni, interrogatori, e soprattutto perquisizioni e sequestri – che potesse consentire di saperne qualche cosa di più, e tutti i suoi componenti erano stati smascherati, identificati, molti individuati e arrestati.

La sua capacità professionale gli è costata la vita. Se fosse stato un mediocre burocrate della giustizia, come ce n'erano anche nel nostro ufficio, non avrebbe corso alcun rischio, non avrebbe approfondito le indagini, avrebbe scoperto solo quello che la polizia gli avrebbe messo sotto il naso; non avrebbe costituito un rischio per nessuno, non avrebbe stimolato perverse volontà distruttive.

I terroristi rivendicarono subito l'omicidio con un volantino molto ideologico, ma assai poco sincero. Non potevano dire "questo l'abbiamo ammazzato perché ci ha scoperti tutti, perché è troppo pericoloso". Sarebbe stato come confessare d'essere vincibili, e vendicativi. I terroristi invece, benché ammazzassero ormai quasi tutti i giorni, si volevano presentare come paladini delle libertà e dei diritti, soprattutto degli oppressi e degli emarginati. E allora ecco inventare che Guido Galli era stato eliminato perché con il suo impegno organizzativo all'interno dell'ufficio, portato avanti insieme con altri, tendeva a migliorare l'efficacia del nostro lavoro.

Oggi 19 marzo 1980, alle ore 16 e 50 un gruppo di fuoco della organizzazione comunista Prima Linea ha giustiziato con tre colpi calibro 38 SPL il giudice Guido Galli dell'ufficio istruzione del tribunale di Milano...
Galli appartiene alla frazione riformista e garantista della magistratura, impegnato in prima persona nella battaglia per ricostruire l'ufficio istruzione di Milano come un centro di lavoro giudiziario efficiente, adeguato alle necessità di ristrutturazione, di nuova divisione del lavoro dell'apparato giudiziario, alla necessità di far fronte alle contraddizioni crescenti del lavoro dei magistrati di fronte all'allargamento dei terreni d'intervento, di fronte alla contemporanea crescente paralisi del lavoro di produzione legislativa delle camere...

Stavamo discutendo, in assemblea, quando si affacciò alla porta Adalberto Margadonna, che reggeva da qualche mese l'ufficio in assenza del capo, Antonio Amati, ricoverato in ospedale da tempo. Con il suo solito fare un po' mellifluo, la scansione delle parole e il tono della voce quasi andreottiano: "Scusate, ragazzi, il povero Guido...". Era chiaro a tutti il significato di quelle parole, che tutti accogliemmo in un disperato ma non stupito silenzio. Soltanto Gerardo D'Ambrosio reagì, e tra bestemmie e improperi espresse quel che anche altri pensavano, che Guido era stato lasciato troppo solo, che soprattutto lo scarsissimo impegno dedicato a inchieste analoghe da altri colleghi aveva fatto di lui un bersaglio.

L'ufficio istruzione impazzì, tutti eravamo smarriti e sgomenti, il dolore per tanti era immenso, ma era grande anche il terrore. Terrore, proprio terrore. Quell'accenno al lavoro dedicato all'organizzazione dell'ufficio era da tutti percepito, al momento, come reale. E molti, avendo lavorato con lui, si sentirono bersagli futuri.

Non credo che tutti conoscano il terrore, così irrazionale e così forte. L'immagine più vicina, per me, è quella di un formicaio scoperchiato; gli stessi movimenti frenetici e irrazionali; e la stessa confusione, la stessa consapevolezza di essere senza scampo si sovrappongono nella testa degli uomini terrorizzati. Il terrore supera le sue stesse cause, è un contatto profondo con la paura ancestrale, e può prescindere da quanto si sta vivendo in un momento specifico. Il terrore è esaustivo, esaurisce anche la ragione. Mangia tutto il terrore, divora la mente.

Anch'io ero terrorizzato, dormii due o tre notti fuori casa, prima che mia moglie di allora, aggressivamente, quasi assalendomi, mi riportasse nel mondo. Per qualche giorno, quando, per strada, una persona mi si avvicinava, ero convinto che avrebbe di lì a poco estratto una pistola e mi avrebbe sparato. Mi obbligai ad acquistare un revolver; di fondo, non avevo un buon rapporto con le armi, ma ritenevo essenziale avere una possibilità di difesa; e così più di una volta sono andato in armeria, ho scelto la pistola, ma al momento di acquistarla ci ho ripensato. Solo dopo quattro o cinque tentativi, dopo aver finalmente acquisito un po' di confidenza con quegli strumenti di morte, sono riuscito a comperarne una.

Eravamo convinti che saremmo stati tutti sterminati, in quei giorni, all'ufficio istruzione. Credo che nessuno si capacitasse, comprendesse perché era stato ucciso Guido. Che il terrore derivasse anche dall'ingiustizia della sua morte.

Forse il giorno dopo il suo assassinio, dopo che la sera precedente, quasi in processione, quasi in pellegrinaggio, insieme a tanti colleghi e a tanti cittadini, avevamo percorso quelle poche centinaia di metri che separano il tribunale dall'università; o forse dopo i funerali, in un duomo gremito, in una piazza affollata, tutti a dimostrargli la loro solidarietà e il loro ringraziamento, il nostro dolore, il nostro terrore e il senso d'inutilità dell'impegno ci portarono a inviare, tutti o quasi tutti, una lettera al presidente del tribunale con la richiesta di trasferimento alla giustizia civile.

Dopo qualche giorno arriva in delegazione il Consiglio superiore, guidato dal vicepresidente Ugo Zilletti, che poco più di un anno dopo sarebbe stato costretto a dimettersi a seguito dello smascheramento della loggia P2. L'incontro è una cosa assolutamente formale, assolutamente inconcludente.

Non è formale, ed è la prima cosa a dar senso al martirio di Galli, la richiesta di Elena Paciotti, e dopo di lei quella di altri colleghi della giustizia civile, di essere trasferiti all'ufficio istruzione.

Alcuni di noi che avevano chiesto di andarsene se ne andranno lo stesso, chi cambiando soltanto ufficio, chi cambiando anche città. E non potevano fare altrimenti, tanto era stato sconvolgente esser toccati così profondamente dalla perdita di un amico e, ancora una volta, dal terrore di essere esposti a una fine della quale non si sarebbe mai trovata ragione.

Ancora dopo anni c'era chi non aveva ritrovato la serenità. Ricordo un amico che si era trasferito alla città d'origine e avevo rivisto, lì, nella sua città, dove il terrorismo non era mai arrivato, un paio d'anni più tardi. Ebbene, non era in grado di posteggiare l'automobile: ovunque dovesse fermarsi, la lasciava in mezzo alla strada, con le portiere spalancate, come se ancora gli servisse una rapida via di fuga. Altri, e io con questi, eravamo rimasti, anche grazie alla solidarietà concreta offertaci dal gesto di Elena e al suo richiamo allo spirito del nostro lavoro.

Non era quello il primo lutto. Poco più di un anno prima, il 29 gennaio 1979, la stessa organizzazione terroristica, Prima Linea, aveva assassinato Emilio Alessandrini, il pubblico ministero di piazza Fontana. Nel commando, Marco Donat Cattin, figlio di Carlo, più volte ministro della Democrazia cristiana e tra i più vivaci rappresentanti della sinistra cattolica.

Era un lunedì mattina. Emilio aveva appena accompagnato a scuola il figlio e, sulla sua R5, stava venendo in ufficio. A un incrocio, la raffica di colpi e la morte.

Io lo so al bar del palazzo, tutti lo sappiamo al palazzo. A me lo dice Cristina Celoria, una collega che incontro per caso, con le poche, rotte parole che riesce a pronunciare: "Hai sentito, hanno ammazzato Emilio". Pure allora, subito, un lungo corteo, colleghi, avvocati, cancellieri, tanti altri che, a piedi, si recano dove ancora si trova, trafitta e coperta di sangue, la vettura, senza capire il perché di quella barbarie. E anche lì una rivendicazione che spiega soltanto la follia degli assassini, e fa sorgere il sospetto che sotto... che il motivo sia altro. Alessandrini è stato ucciso perché...

> Oggi, 29 gennaio 1979 alle ore 8,30 il gruppo di fuoco Romano Tognini "Valerio" dell'organizzazione comunista Prima Linea, ha giustiziato il sostituto proc. della repubblica Emilio Alessandrini.
> Alessandrini è uno dei magistrati che maggiormente ha contribuito in questi anni a rendere efficiente la procura della repubblica di Milano; egli ha fatto carriera a partire dalle indagini su piazza Fontana che agli inizi costituivano lo spartiacque per rompere con la gestione reazionaria della magistratura, ma successivamente, scaricati dallo stato i fascisti, ormai ferri vecchi, diventano il tentativo di ridare credibilità democratica e progressista allo stato...
> Alessandrini era una delle figure centrali che il comando capitali-

stico usa per rifondarsi come macchina militare o giudiziaria efficiente e come controllore dei comportamenti sociali e proletari sui quali intervenire quando la lotta operaia e proletaria si determina come antagonista ed eversiva...

Insomma è stato ucciso perché era una persona illuminata, perché sapeva far bene il suo lavoro, e con questo non permetteva che tutti si accorgessero quanto le istituzioni fossero di parte, prepotenti, arroganti. Non consentiva che scoppiassero le contraddizioni del sistema, perdio. Emilio era molto estroverso, lo conoscevano tutti. Io stavo in un ufficio diverso, le occasioni per frequentarci erano poche. Altri hanno sofferto la sua morte quanto io quella di Guido.

E il 12 luglio dello stesso anno, sotto casa, di notte, viene ucciso Giorgio Ambrosoli. Ambrosoli non è un magistrato, ma è quasi come se lo fosse; chi lo uccide non è un terrorista, ma lo uccide per il suo lavoro. Giorgio Ambrosoli è il commissario liquidatore delle banche di Michele Sindona, delle quali nel 1974 era stata dichiarata l'insolvenza, e cioè il fallimento. Sindona, fino ad allora, era il più potente banchiere privato italiano e il massimo esponente della finanza cattolica.

Ambrosoli, giovane avvocato, di convinzione monarchica, impegnato a fare cultura, più che politica, liberale, è incaricato di ricostruire i motivi del fallimento e di recuperare il denaro distratto da Sindona. Quando il suo lavoro comincia a dare frutti, iniziano le minacce, che diventeranno continue.

Sindona fallisce anche in America, e i magistrati di New York si trasferiscono in Italia per saperne di più sui suoi metodi, sulle sue malefatte italiane. Assumono la lunga testimonianza di Ambrosoli, che va avanti per giorni e che inchioda Sindona. Ambrosoli è ucciso la notte precedente alla sottoscrizione formale delle sue dichiarazioni. Io quasi non lo conoscevo, se non nell'aspetto fisico da signore d'altri tempi, nell'autorevolezza che sprigionava dai suoi modi, nella determinazione del suo sguardo. Conoscerò poi la moglie e i figli che lascia, e lo conoscerò anche dal loro amore per lui.

5.

Quando ammazzano Ambrosoli io non ci sono. Sono in vacanza in Iugoslavia. Ne apprendo la scomparsa al ritorno.

Anche l'anno successivo, all'inizio di giugno, con Fiorenza e Simone parto in vacanza per Zara, Spalato, la costa dalmata. Ci andavamo spesso, allora, e piano piano ero stato un po preso da quei litorali. Erano ancora selvaggi in confronto a quelli, quasi completamente cementificati, dei mari italiani E con il minimo indispensabile che ancora proponevano a turista sembravano più veri, più immediati.

Quanto impossibile, inimmaginabile sembrava, allora che quelle terre sarebbero state smembrate, disgregate, atomizzate, e che le loro genti si sarebbero scagliate l'una contro l'altra, come fossero state nemiche da sempre, non fossero state vicine perfino di casa. Come sembrava immortale, e immutabile, Dubrovnik, la cui bellezza, fatta di mura possenti vicoli angusti di scale tra antichi palazzi, ampi spazi celebratori, lo *stradun* e le chiese, si era tramandata giorno per giorno per un percorso che sembrava non avrebbe avuto mai fine resistendo ai mori, ai turchi, alle guerre mondiali. E come immortali sembravano Spalato, Senj, le chiese e i monasteri bizantini sparsi un po' ovunque, che nemmeno della difesa d mura avevano avuto bisogno per giungere fino a noi. E il ponte di Mostar, simbolo della città, e le moschee, la vivacità de mercato di Sarajevo.

Torno a Renate alla fine del mese, e scopriamo che un altro collega, Mario Amato, è stato assassinato, a Roma, pe mano di un gruppo di destra, il 23 giugno 1980. Stava seguendo piste investigative analoghe a quelle già percorse da un altro magistrato, Vittorio Occorsio, anche lui assassinato, anni prima, da terroristi di destra. Mi chiamano Gianni Galati e Giuliano Turone, entrambi giudici istruttori, mi dicono che vogliono vedermi, vengono a Renate a trovarmi.

Nessuno di noi era ancora guarito dalla perdita di Guido.

Gianni, calabrese, era lo spirito ilare dell'ufficio istruzione. Di bassa statura, la schiena appena ricurva, parlava quasi esclusivamente per battute e motti salaci, con i quali sapeva vivisezionare qualsiasi persona. Il suo modo di essere aveva contribuito non poco a rendere accettabili i momenti più difficili del nostro lavoro. Era stato lui, l'anno precedente, a condurre le udienze in cui Ambrosoli aveva ricostruito ai giudici americani i misfatti di Sindona in Italia.

Giuliano non può essere descritto professionalmente senza fargli torto. Schivo e impenetrabile, mantiene un *aplomb* anglosassone che qualche volta entra in contraddizione con i suoi sentimenti. È dotato di grandi capacità di seduzione e di un eclettico spirito artistico. Per me rappresenta la materializzazione del concetto di investigatore: non mi viene in mente nessuno che sia capace di approfondire i temi di indagine tanto quanto lui. Distaccato dai protagonisti, ma assolutamente coinvolto dall'oggetto del procedimento, è di un rigore scientifico assoluto. Siamo diventati amici fraterni.

"Mentre non c'eri abbiamo parlato col capo. Abbiamo parlato anche della possibilità di far funzionare lo schema studiato con Galli. Ci sono tre istruttorie che possono avere punti di contatto, l'idea è quella di assegnarcene una ciascuno, prevedendo contemporaneamente che ciascuno sia sostituto del titolare nelle altre due. Il capo vorrebbe sapere se sei disponibile."

Le inchieste, in effetti, sono più di tre e ci vengono tutte assegnate. Riguardano, direttamente o indirettamente, Michele Sindona. Delle principali, una concerne l'omicidio dell'avvocato Ambrosoli. Un'altra le minacce e una serie di violenze che, più o meno contestualmente, aveva dovuto sopportare Enrico Cuccia, indiscusso *dominus* della finanza laica italiana, che Sindona riteneva colpevole del suo fallimento. A Cuccia venne bruciata la porta di casa, gli si prospettò il sequestro di un figlio, si rivolsero altre minacce. Un'altra ancora riguarda un fatto verificatosi poco dopo l'omicidio dell'avvocato Ambrosoli: nell'agosto 1979 Sindona scompare dagli Stati Uniti, ove si trovava libero sulla parola (e quindi con assoluto divieto di espatrio). Dopo qualche giorno iniziano a pervenire ai suoi familiari, ad avvocati, giornali, lettere di rivendicazione firmate da un non meglio noto "Gruppo proletario di eversione per una giustizia migliore", dal contenuto ricattatorio nei confronti dei maggiorenti dell'epoca che, fino al crollo di Sindona, erano stati tra i suoi maggiori *supporters*, ovvero nei confronti di suoi dichiarati nemici. Dopo un paio di mesi dalla scomparsa viene arrestato un mafioso che sta recapitando una di queste lettere all'avvocato di Sindona, e dopo qualche giorno Sindona riappare a New York.

Oggetto delle indagini sarebbe stato scoprire l'autore dell'omicidio dell'avvocato Ambrosoli, l'autore delle continue minacce allo stesso e a Cuccia, e ricostruire la "scomparsa" di Sindona, che più passava il tempo e più sembrava essere del tutto volontaria.

È stato lì, accettando di prenderci cura di quelle inchieste, che siamo usciti dal tunnel. Dopo qualche mese Gianni ha chiesto e ottenuto di essere trasferito a Roma. Giuliano e io siamo rimasti. E il martirio di Galli, di Ambrosoli, di Alessandrini ha informato il nostro lavoro, come ha informato il lavoro dei tanti colleghi impegnati nel campo del terrorismo. Credo che siano stati, tra gli altri, gli assassinii di Galli e Alessandrini, col tempo, a svenare e dissanguare di qualsiasi linfa il terrorismo, e a motivare Giancarlo Caselli, Pierluigi Vigna, Armando Spataro, Marcello Maddalena, e tutti gli altri colleghi che, alla fine, del terrorismo hanno avuto ragione. Così come credo che il sangue di Giorgio Ambrosoli sia stato uno dei semi della rivolta contro la gestione occulta del potere e la corruzione che l'accompagna.

6.

Ho conosciuto Giuliano Zattarin a seguito delle esagerate insistenze di un amico e collega, Vittorio Borraccetti, attualmente sostituto procuratore nazionale antimafia. Vittorio mi telefonava a ogni ora del giorno e della notte per convincermi a partecipare a una manifestazione, un incontro programmato da don Giuliano su un versetto della Bibbia, "verità e giustizia siano causa del tuo avanzare...", nell'ambito di una serie di incontri incentrati non su Dio, come avviene di solito quando si viene invitati dai preti, bensì sull'uomo.

Non avevo nessuna intenzione di andarci, ma alla fine ho detto sì soltanto per far star zitto Vittorio. Non che fossi prevenuto – vado a parlare del mio lavoro ovunque mi invitino, purché non si tratti di manifestazioni politiche – ma per ragioni logistiche e per eccesso d'impegni non ero particolarmente interessato ad andarci. Invece, dopo la prima volta sono diventato, come tanti altri, un *aficionado*.

Giuliano regge una parrocchia sperduta nel Polesine, vicino al delta del Po, cinquecento anime circa, un incarico che, dopo aver conosciuto la persona, sembrerebbe quasi la conseguenza di frequenti "diversità di vedute" con la sua gerarchia. La stessa sorte accomuna Pier Antonio Castello, che ho conosciuto subito dopo, altro parroco di un minuscolo paese della zona. È stupefacente come da quel posto fuori dal mondo Giuliano riesca a coinvolgere decine e decine di persone, credenti e laiche, della più svariata provenienza politica, delle più svariate professioni, nella partecipazione ai suoi incontri, che ormai richiamano gente anche da zone lontane. Ed è altrettanto stupefacente come la scarsità dei mezzi non ostacoli le iniziative di studio e di approfondimento dei percorsi di sofferenza e di riscatto dell'uomo che Pier Antonio coltiva con infaticabile continuità e con contagioso coinvolgimento. Se esiste un denominatore comune a queste iniziative, si tratta del rispetto dell'uomo e di altre tre o quattro convinzioni che mi sono comuni. A Giuliano e a Pier Antonio piace far riflettere le persone, non soltanto quelle che nelle conferenze sono destinate ad ascoltare, ma anche quelle che parlano. E riflettere aiuta a capire il perché di quel che si sente.

Ho sempre creduto che la morte abbia anche la conseguenza di alimentare la vita.

L'ho pensato per Giovanni Falcone, per Paolo Borsellino, per Guido Galli, per pochissimi altri. Ho pensato, di fronte ai loro assassinii, che avrebbero portato la gente a indignarsi, che l'avrebbero fatta reagire.

Tra le sue iniziative, Giuliano mi ha portato a parlare della morte del padre con i figli di Giorgio Ambrosoli. È stato lì che ho cominciato a pensare alla resurrezione dell'uomo attraverso la morte di un uomo. Al valore, cioè, del sacrificio del singolo per la comunità. Del sacrificio personale, della consapevolezza che il proprio sacrificio sia strumento di emancipazione degli altri.

Anna carissima,

è il 25 febbraio 1975 e sono pronto per il deposito dello stato passivo della Banca Privata Italiana, atto che ovviamente non soddisferà molti e che è costato una bella fatica.

Non ho timori per me perché non vedo possibili altro che pressioni per farmi sostituire, ma è certo che faccende alla Verzotto e il fatto stesso di dover trattare con gente di ogni colore e risma non tranquillizza affatto. È indubbio che, in ogni caso, pagherò a molto caro prezzo l'incarico: lo sapevo prima di accettarlo e quindi non mi lamento affatto perché per me è stata un'occasione unica di fare qualcosa per il paese.

Ricordi i giorni dell'UMI, le speranze mai realizzate di far politica per il paese e non per i partiti: ebbene, a quarant'anni, di colpo, ho fatto politica e in nome dello Stato e non per un partito. Con l'incarico, ho avuto in mano un potere enorme e discrezionale al massimo ed ho sempre operato – ne ho la piena coscienza – solo nell'interesse del paese, creandomi ovviamente solo ne-

mici perché tutti quelli che hanno per mio merito avuto quanto loro spettava non sono certo riconoscenti perché credono di avere avuto solo quello che a loro spettava: ed hanno ragione, anche se, non fossi stato io, avrebbero recuperato i loro averi parecchi mesi dopo.
I nemici comunque non aiutano, e cercheranno in ogni modo di farmi scivolare su qualche fesseria, e purtroppo, quando devi firmare centinaia di lettere al giorno, puoi anche firmare fesserie.
Qualunque cosa succeda, comunque, tu sai che cosa devi fare e sono certo saprai fare benissimo. Dovrai tu allevare i ragazzi e crescerli nel rispetto di quei valori nei quali noi abbiamo creduto... Abbiano coscienza dei loro doveri verso se stessi, verso la famiglia nel senso trascendente che io ho, verso il paese, si chiami Italia o si chiami Europa.
Riuscirai benissimo, ne sono certo, perché sei molto brava e perché i ragazzi sono uno meglio dell'altro...
Sarà per te una vita dura, ma sei una ragazza talmente brava che te la caverai sempre e farai sempre il tuo dovere costi quel che costi...

Giorgio

Giorgio Ambrosoli sarà ucciso quattro anni e mezzo dopo aver scritto questa lettera alla moglie. Sapeva già da allora che la sua coerenza l'avrebbe portato a confrontarsi con la morte. Non era sicuro di dover morire per il proprio lavoro, ma metteva in conto che sarebbe potuto accadere. E lo sapevano Alessandrini, Galli, Falcone e sua moglie morta con lui, Borsellino, e i ragazzi delle scorte degli ultimi due (Galli e Alessandrini nessuno si era peritato di proteggere), e tanti altri prima e dopo di loro. Sapevano e non hanno cambiato, sapevano e non si sono tirati indietro. Sono andati dove volevano andare, incuranti di quel che poteva succedere.

Con quante paure, con quante sofferenze si sono misurati, quante conferme hanno dato a scelte che si potevano facilmente capovolgere, solo a volerlo. Quante volte ciascuno di loro ha pensato a figli, mogli, fratelli, sorelle, genitori, amici, sentendo non solo la sofferenza propria, ma anche il tormento loro. E tutte le volte a confermarsi, sentendosi inutili, sbagliati, fuori strada, traditori al solo immaginarsi di cambiare idea.

Si muovevano, agivano per quel che credevano. Per verità e giustizia, si potrebbe dire usando categorie che forse non sono umane. Meno aulicamente, le loro ragioni di vita, e le ragioni del lavoro mio e di tanti colleghi, sono quelle di scoprire come sono andate le cose, farle vedere, e proporle a tutti perché ciascuno, nel proprio intimo, valuti e si convinca.

Non è stato per senso del dovere che alla domanda di "conoscenza e giustizia" si è risposto, pagando prezzi altissimi, tante volte con la vita; ma per la profonda convinzione che ha sorretto la scelta di fondo, quella di far prevalere gli interessi della collettività su quelli individuali, dunque per un consapevole esercizio della libertà, in armonia tra profondo rispetto per se stessi e fiducia nell'uomo.

Galli, Alessandrini, e poi Falcone, Borsellino e tanti altri, non "dovevano" fare quello che hanno fatto, "volevano". Volevano che si vedesse, volevano che si sapesse, esercitavano la loro libertà perché si vedesse e sapesse. Il senso del dovere... il senso del dovere non crea nulla. Si risponde a un dovere quando non si hanno motivazioni proprie. Si "deve" soltanto quando non si è capaci, non si è convinti, non si "vuole". Quando altri hanno deciso per noi, e noi ci adeguiamo.

La mia convinzione che siamo uguali nasce dalla consapevolezza dell'esistenza di un sottile filo invisibile che ci lega tutti e ci fa essere parte non solo della stessa specie biologica, ma della stessa *societas*, insomma di un gruppo all'interno del quale il cammino dell'uno, per quanto possa sembrare indifferente, si interseca con quello degli altri, e lo rende partecipe. Perché è stato sconfitto il terrorismo in Italia? Perché la mafia subisce duri colpi? Come mai Tangentopoli? Le contingenze sono state tante, ma al fondo di tutte io vedo una "resurrezione" della società umana derivata dal sacrificio di uno dei suoi, che ha risvegliato gli animi, che ha dato nuove energie a chi è rimasto, nello stesso tempo sfibrando, sfilacciando, consumando chi alla comune partecipazione tenta di opporsi.

La storia dell'uomo è il lungo percorso intrapreso, da quando era una scimmia, per rendersi conto della sua appartenenza. Si fa un passo in avanti ogni volta in cui si scopre un uguale al di fuori della propria tribù.

La nostra rinascita, o quantomeno la mia rinascita, è stata l'affidamento di quell'inchiesta. Scompaiono i timori, le paure, i sensi di inutilità e di ineluttabilità, riaffiorano la determinazione e la voglia della scoperta.

La molla, lo stimolo del magistrato investigativo, sia esso

pubblico ministero, sia esso – come era allora anche in Italia e come è ora per molti paesi mediterranei – giudice istruttore, sono costituiti dalla curiosità, dalla voglia di scoprire. L'approccio deve essere scientifico: non si procede per ipotesi, ma per probabilità, scartando via via quelle che si sono dimostrate apparenti e approfondendo quelle che pare possano trasformarsi in certezza.

È un lavoro fatto di piccoli passi, di strade intraprese e poi abbandonate, di recuperi di vie che apparivano occluse, di individuazione di obiettivi e di scelta degli strumenti per arrivarci. È un'attività di scoperta e di prova, di dimostrazione dell'esattezza della scoperta. Sarà poi il giudice a verificare l'attendibilità del risultato e, in ragione dei mezzi usati, la sua validità.

7.

Si lavora e si scopre. Si scopre che Sindona non era stato affatto rapito da un gruppo di terroristi, ma che tramite un percorso tortuoso aveva raggiunto la Sicilia, accompagnato e aiutato da siciliani massoni e mafiosi e da italoamericani legati a Cosa Nostra, la Sicilia, e lì era stato ospitato da personaggi dello stesso genere.

Si scopre che incontra esponenti di spicco dell'alta borghesia siciliana, spesso legata alla massoneria; si può constatare che uno dei capi di Cosa Nostra, John Gambino, lo frequenta per lunghi periodi.

Si scoprono i rapporti tra Michele Sindona e Licio Gelli, si scopre la loggia P2, già toccata più volte dall'interesse dei media e indicata come sede di trame occulte e influenze inconfessabili.

Molti erano gli elementi, emersi nel primo periodo delle indagini, che collegavano i due: un *affidavit* firmato da Gelli per evitare che Sindona venisse estradato dagli Stati Uniti in Italia; la documentazione sequestrata all'avvocato di Sindona, Guzzi, da cui risultavano il continuo interessamento e l'appoggio di Gelli al tentativo di Sindona di trovare una soluzione politica al suo crac, in modo che le sue perdite venissero pagate dallo stato; le attenzioni discrete delle forze di polizia alle notizie che già i giornali riportavano sulla loggia P2, cui sarebbe stato iscritto anche Sindona; i contatti che Joseph Miceli Crimi, il medico massone che insieme a massoni-mafiosi era andato a prelevare Sindona ad Atene per accompagnarlo e ospitarlo a Palermo, ebbe con lo stesso Gelli proprio mentre Sindona era in Sicilia clandestino.

Gli elementi riguardano anche alcune accuse rivolte a Sindona. Si decide di perquisire i locali di cui Gelli dispone, la casa, la fabbrica di confezioni che dirige (il nome del proprietario lo scopriremo negli elenchi della P2), l'albergo romano, l'Excelsior, dove tiene udienza, ricevendo processioni di maggiorenti del regime dell'epoca, di questuanti, di futuri adepti. Ci si rende conto del potere di Gelli, che aveva confessato qualche mese prima la propria aspirazione a fare, da grande, il "burattinaio" in un'intervista a Maurizio Costanzo sul "Corriere della Sera" (avremmo scoperto di lì a poco che sia il giornalista sia l'editore del giornale comparivano negli elenchi della P2), dei suoi profondi agganci negli ambienti che "contano", e ci si preoccupa di effettuare le perquisizioni con ogni cautela possibile per evitare che Gelli venga preavvertito e l'operazione vada a monte.

Già da tempo l'istituzione cui affidavamo le indagini era la Guardia di finanza, di cui Turone si fidava particolarmente per aver concluso in passato, con il suo apporto, un'investigazione molto complessa su due sequestri di persona compiuti dalla mafia in Lombardia, nell'ambito della quale era stato arrestato Luciano Liggio, capo riconosciuto di Cosa Nostra dell'epoca.

Per una stranezza della sorte io avrei fatto parte del tribunale che giudicò i responsabili di quei sequestri, individuati e rinviati a giudizio da Giuliano. Non tutti vennero condannati per tutti i reati da lui ipotizzati. Giuliano, che conoscevo da poco, la prese malissimo, convinto com'era d'aver adeguatamente dimostrato la partecipazione di tutti ai fatti. Ancora oggi, a distanza di quasi vent'anni, quando si parla della decisione del collegio c'è polemica: evidentemente non gli basta che sia la Corte d'appello sia la Cassazione gli abbiano dato ragione, riformando la nostra sentenza e condannando anche chi era stato assolto.

Gli ufficiali che devono effettuare le perquisizioni, e per essi il comandante del nucleo di Milano, colonnello Vincenzo Bianchi, ricevono ordini perentori. Non solo non dovranno avvisare i superiori dell'operazione che si accingono a compiere, ma dovranno anche fare in modo che nessuno si accorga della loro presenza nei luoghi d'intervento, nemmeno i colleghi, se non quando incominceranno ad agire.

Così fanno, e la mattina del 17 marzo 1981, un martedì, si presentano contemporaneamente nell'abitazione di Gelli ad Arezzo, Villa Wanda; a Castiglion Fibocchi, vicino Arezzo, dove Gelli dirige la Giole (la linea di abbigliamento giovane della Lebole); a Roma, hotel Excelsior, e a pochi altri indirizzi dove si ritiene che Gelli possa custodire materiale interessante.

Quella mattina, Giuliano e io non immaginiamo che il raccolto sarà così abbondante. I militari della Guardia di finanza sono in continuo contatto telefonico con noi, ma le prime notizie non sono confortanti. Uno degli indirizzi di minore rilievo risulta abbandonato da Gelli tempo prima, a Villa Wanda viene trovato poco o nulla, si è in attesa di aprire alcune cassette custodite nel *caveau* dell'Excelsior: è lì che pensiamo di trovare qualcosa di utile, non pensiamo ci sia niente di importante sul posto di lavoro, non ci sfiora l'idea di scoprire la P2.

Quante volte succede, nella nostra professione, di dedicare tempo, attenzione, inventiva a un atto nella convinzione che possa essere determinante nella ricostruzione dei fatti, e che l'atto si riveli del tutto inutile! Questo è il mio atteggiamento mentale, e ancor più disincantato dev'essere quello di Giuliano, molto più esperto di me nel lavoro del giudice istruttore per l'età, per il tempo trascorso in quell'ufficio, per l'esperienza accumulata in casi importanti. Invece...

Invece, appena entro nel mio ufficio incomincia una frenesia di telefonate, così frequenti che è difficile ricostruirne l'esatto susseguirsi. Arrivano tutte da Castiglion Fibocchi e dintorni. Ora è il colonnello Bianchi, che presiede a tutte le operazioni, ora è il maresciallo Carluccio, che materialmente opera alla Giole. Carluccio mi comunica che è stata trovata una valigia piena di documenti interessanti. Aggiunge che c'è una cassaforte, ma non si trova la chiave, e mi chiede l'autorizzazione ad aprirla con la forza. Richiama dopo poco, dicendo che la chiave è stata trovata nella borsetta della segretaria mentre questa stava cercando di allontanarsi, di "fare la furba". Chiama un'altra volta, per comunicare che anche il contenuto della cassaforte è importante.

Bianchi, avvertendomi che parla via etere, e che quindi possiamo essere facilmente intercettati, mi fa capire che il materiale trovato è esplosivo, che c'è l'elenco degli iscritti alla loggia, che c'è dell'altro, forse ancora di maggiore rilievo. E mi chiama anche per dirmi che il capo supremo del corpo cui appartiene, della Guardia di finanza, il generale Orazio Giannini, l'ha chiamato a sua volta, non appena informato dell'operazione in corso, per comunicargli che avrebbe trovato un elenco, e in quell'elenco anche il suo nome. E mi richiama, infine, per avere istruzioni circa la conservazione dei documenti e le modalità di trasporto a Milano.

Dalla prima telefonata è un andirivieni continuo dall'ufficio mio a quello di Giuliano, che per fortuna sono vicini, e dal suo al mio. Un po' sono io che vado da lui, per informarlo delle novità, per chiedergli il parere sulle richieste che ci vengono avanzate. Un po' è lui che viene da me per informarsi a sua volta, per sapere se c'è altro di nuovo.

Siamo curiosissimi, per telefono non si è potuto parlare se non per sommi capi. Sappiamo che sono stati trovati gli elenchi della P2, che ci sono persone insospettabili, che c'è Sindona e c'è Giannini, che ci sono altre carte esplosive, ma niente di più. Alla fine della giornata disponiamo che tutto il materiale sia sigillato, trasferito a Milano al più presto e custodito presso il Nucleo della Guardia di finanza. Ci accordiamo già col colonnello Bianchi che l'indomani, alle otto del mattino, ci saremmo recati da lui per visionare quanto rinvenuto.

La mattina dopo arriviamo puntuali nell'ufficio del colonnello, che ci descrive in breve l'andamento delle operazioni della giornata precedente e in qualche modo ci "prepara" all'esame della documentazione, come per evitarci sorprese eccessive. Nonostante le cautele, già la lettura dell'elenco delle cose sequestrate ci fa sobbalzare; infatti vediamo da vicino che cosa abbiamo trovato: l'elenco delle persone iscritte alla loggia P2, con relativo numero di tessera e posizione contributiva; pacchi di corrispondenza intercorsa tra gli stessi; una serie di altri elenchi, nei quali gli iscritti sono divisi per sottogruppi distinti geograficamente, ovvero per professione, oppure nei quali sono riportati gli indirizzi di ognuno; domande autografe di adesione alla loggia, sottoscritte in originale. Insomma, il materiale relativo all'organizzazione, l'organigramma.

Tra i nomi risultanti dall'elenco: quello del ministro per il commercio con l'estero in carica; quello del ministro del lavoro in carica; quello del capo dei servizi di sicurezza militari e quello del capo dei servizi di sicurezza civili, anch'essi in carica; quello del capo della struttura di coordinamento e di controllo dei servizi militari e civili; e poi quelli di oltre quaranta parlamentari, e poi prefetti, questori, ufficiali dell'esercito, generali dei carabinieri, della Guardia di finanza. E poi una serie di colleghi. E giornalisti, editori, imprenditori e così via.

Tra le domande autografe in attesa di approvazione anche quella del ministro di grazia e giustizia in carica, Adolfo Sarti.

Insieme a loro una serie di nomi di persone già scomparse, o che sarebbero scomparse per morte violenta: Mino Pecorelli, giornalista provocatore, assassinato due anni prima; Roberto Calvi, "padrone" del Banco Ambrosiano, la più grande banca italiana dopo il fallimento di quelle di Sindona, il cui corpo sarà trovato qualche anno più tardi sotto il ponte dei Frati Neri a Londra; lo stesso Sindona, deceduto in carcere per una tazza di caffè al cianuro.

E persone già note per gli scandali, o per le deviazioni istituzionali cui avevano legato il proprio nome: Raffaele Giudice e Donato Lo Prete, i vertici della Guardia di finanza sconvolta da uno degli scandali che l'hanno toccata nella sua storia: la complicità dei finanzieri delle imposte sui petroli; Gianadelio Maletti, Vito Miceli, Antonio Labruna, che erano stati attivi nei servizi segreti delle mille "deviazioni", dall'indagine di piazza Fontana in poi...

E persone che altrove, in altri paesi, erano state promotrici o artefici di colpi di stato, come il generale Massera in Argentina...

Insomma, fatta qualche eccezione, proprio le persone di cui aveva parlato Gelli nella sua intervista a Maurizio Costanzo: "...Comunque confermo, per l'ennesima volta, che si tratta di un Centro che accoglie e riunisce solo elementi dotati di intelligenza, di un alto livello di cultura, di saggezza e, soprattutto, di generosità, che hanno un indirizzo mentale e morale che li spinge ad operare unicamente per il bene dell'umanità con lo scopo, che può sembrare utopistico, di migliorarla".

Ma non c'è solo l'organigramma, anzi!

Un elenco, una specie di indice, in cui si susseguono, in rigoroso ordine alfabetico, i nomi dei maggiori esponenti politici del paese, dei sindacalisti più importanti, l'indicazione di fatti o organizzazioni di estremo rilievo; insomma, una specie di rubrica che, all'apparenza, pensiamo cataloghi una serie di fascicoli con notizie su quelle persone, fatti, organizzazioni; un complesso di dossier, un archivio del tipo di quelli che usano mettere in piedi i servizi segreti ad uso ricatto.

E poi, soprattutto, in più di trenta buste, che Licio Gelli aveva sigillato personalmente, siglandole una per una, documenti ognuno dei quali fa intendere, o macroscopicamente contiene, la notizia della commissione di un reato.

Le intestazioni di alcune buste appaiono esplicite circa il contenuto, altre meno: Gelli Licio, telex segreto dell'Ambasciata argentina alla Cancelleria; on.le Claudio Martelli; contratto ENI-PETROMIN; accordo finanziamento Flaminio Piccoli-Rizzoli; Calvi – copia comunicazioni Procura di Milano; riservata – dott. Elio Siggia; riservata – rubrica contributi; accordo riservato Calvi-Pesenti stipulato a Zurigo, e via dicendo informazioni, accordi, contratti, dichiarazioni e quant'altro, riguardanti imprenditori, finanzieri, editori.

I primi momenti sono una frenesia di pensieri. Prima ancora di aprire le buste sigillate ci vengono in mente le incredibili possibilità di strumentalizzazione della scoperta. Evidentemente delle perquisizioni a Gelli si sa, o si saprà, in pochissimo tempo. Ci sono anche persone che sanno, almeno parzialmente, cosa abbiamo sequestrato. Esiste al momento un segreto, o comunque una riservatezza sui documenti sequestrati. Qualcuno potrebbe sfruttare il segreto e la riservatezza facendo circolare, pubblicando notizie false sulla composizione della loggia, sul fatto che vi partecipasse un uomo politico piuttosto che un altro, un editore, un generale e così via.

Avvertiamo subito l'esigenza, la necessità di evitare tali eventualità, e individuiamo una strada: il procuratore della repubblica (per correttezza la pubblica accusa, non noi che siamo giudici istruttori) faccia un breve comunicato, col quale si renda noto che le perquisizioni hanno avuto esito positivo, e si espliciti che nessuna notizia in ordine a quanto sequestrato potrà ritenersi attendibile, salvo provenga o sia confermata dall'autorità giudiziaria. Disponiamo per il trasferimento delle carte ai nostri uffici e ci precipitiamo dal procuratore, perché riteniamo urgentissimo il comunicato.

Incredibilmente il procuratore, che ci aspettavamo interessato ai risultati della perquisizione e in qualche misura stuzzicato dalla loro rilevanza, con estremo distacco, trascurando l'idea che andiamo ad esporgli, ci dice (era nel frattempo stato allertato da qualche potente, o la sua lunghezza d'onda di pensiero era comunque sintonizzata, senza bisogno di preallarmi?) che a suo parere dobbiamo restituire le carte, almeno le buste sigillate perché, essendo sigillate, non possiamo sapere se contengano o meno notizie di reato.

Ma come!, pensiamo. Di fronte all'evidente importanza giudiziaria del materiale trovato, il procuratore ci suggerisce di restituirlo?

Manifestiamo il nostro stupore, e lui ridimensiona il suggerimento, invitandoci almeno ad aprire le buste in presenza dei difensori di Gelli, ma del comunicato neanche a parlarne. Noi usciamo dalla sua stanza con la certezza che di ostacoli, sul cammino dell'indagine, ne troveremo tanti.

L'indipendenza di cui godiamo come giudici ci garantisce da qualsiasi intromissione nel contenuto dei nostri atti, e quindi possiamo procedere all'esame del materiale rinvenuto senza la presenza di nessun altro, ma cominciamo a temere che atti di altri colleghi, o comportamenti esterni, potranno crearci difficoltà. E allora pensiamo in primo luogo di salvaguardare l'autenticità e la conservazione dei documenti. Si aprono le buste sigillate, si timbrano e si sottoscrivono i fogli che contengono, nonché gli elenchi degli iscritti, per evitare che possano essere sostituiti, se ne fa una duplice serie di fotocopie, e se ne nasconde una in un raccoglitore riguardante un procedimento di un collega in tema di terrorismo: sul dorso compare a grandi lettere il nome del gruppo eversivo, Reparti comunisti d'attacco. Gli originali sono conservati nella cassaforte di Giuliano, l'altra copia è nel mio armadio blindato.

Quasi non leggiamo, in quel momento, il contenuto dei fogli. Ce ne facciamo un'idea. Dopo, invece, rimanendo in ufficio fino alle quattro, alle cinque del mattino, riconosciamo il contenuto, e lo descriviamo con estrema pedanteria, in modo che non si possa equivocare neanche un po' su quello che abbiamo trovato. Si riporta se il documento è in originale o in fotocopia, se ci sono cancellature, il colore dell'inchiostro, le prime e le ultime parole di ogni foglio.

Intanto – lo sapremo anni più tardi, grazie ai risultati di

un'altra indagine – da parte dei servizi di sicurezza, diretti da Giuseppe Santovito e Giovanni Torrisi, entrambi iscritti alla P2, si fa di tutto per trovare qualcosa nella nostra vita che consenta di screditarci. Pare che i servizi non siano molto efficienti, o che noi siamo al di sopra di ogni sospetto, perché l'unica cosa che sanno riferire è che Turone "frequenta una donna sposata", senza sapere che nel frattempo ha ottenuto il divorzio ed è divenuta sua moglie.

8.

Sembra che i politici stiano letteralmente impazzendo perché non sono in grado di attribuirci un'appartenenza. Non si capacitano: ritengono che in Italia, come succede a loro, e come succede evidentemente a tanti altri (perché altrimenti si capaciterebbero), non esista nessuno che non abbia un'appartenenza. Che possano esistere magistrati indipendenti, neanche a pensarci! Ma, allora, non riescono proprio ad affibbiarci ad alcuno, e questo li disorienta. Non avendo individuato un'appartenenza, non capiscono "per conto di chi abbiamo operato", e non riescono pertanto a capire a chi devono rivolgersi per lamentarsi del nostro lavoro, ovvero per "trattare".

All'epoca, infatti, era convinzione diffusa negli ambienti politici che, in certi campi, per esempio in quelli che coinvolgevano l'alta finanza e l'economia, i magistrati agissero in qualche misura a comando, o perlomeno inconsapevolmente strumentalizzati da questa o quella fetta del potere, per condizionare e ricattare altre fette. Sapevano dell'esistenza di scavezzacolli che non rispondevano a nessuno, ma questi per norma, secondo la loro concezione, dovevano essere controllati dai capi e non essere incaricati di indagini che li avrebbero potuti portare a infilare il naso nel potere.

La nostra indipendenza li disorienta e in qualche modo li blocca.

Noi continuiamo a lavorare. Dopo aver garantito la conservazione e la genuinità delle carte, procediamo all'analisi. E il contenuto ci sembra ancora più serio e più grave di quanto supposto. Per esempio, la busta intestata "On. Claudio Martelli", che sarebbe stato nominato poco dopo vicesegretario del partito socialista, partito che sostiene il governo, contiene l'indicazione di un conto corrente presso una banca svizzera, il conto Protezione, e lo collega appunto a Martelli (a quel tempo aprire senza autorizzazione un conto corrente all'estero era punito dalla legge penale); in un'altra busta sigillata c'è la chiara indicazione di versamenti consistenti per sette milioni di dollari, sostanzialmente a titolo di illecito finanziamento, a favore dell'onorevole Bettino Craxi, numero uno del partito socialista, proprio sul conto Protezione; un'altra contiene documenti di chiarissima provenienza dei servizi segreti, tutti riferentisi alla persona di Licio Gelli; un'altra ancora riguarda un procedimento penale pendente proprio a Milano nei confronti di Roberto Calvi, con una serie di appunti, che fanno pensare all'interesse da parte di magistrati perché il risultato delle investigazioni gli sia favorevole, mentre altri, tra cui lo stesso procuratore, si sarebbero adoperati per fargli restituire il passaporto; in un'altra ancora c'è un quadernetto, nel quale sono minuziosamente annotati gli importi e la destinazione di contributi in denaro. Per dare l'idea alcuni di questi sono registrati come destinati a Magistratura indipendente, cioè, occultamente e illecitamente, a una corrente della magistratura, a magistrati.

Vi sono poi i nomi, come iscritti o in via di iscrizione, di tre ministri della repubblica (il socialista Enrico Manca, che otterrà però dal giudice civile di Roma un accertamento di estraneità dalla loggia, nonché i democristiani Adolfo Sarti e Franco Foschi), più di quaranta parlamentari, il vertice dei servizi di sicurezza (tra loro il capo del Servizio per le informazioni e la sicurezza militare, meglio noto come SISMI, generale Giuseppe Santovito, il capo del Servizio per le informazioni e la sicurezza democratica, meglio noto come SISDE, generale Giulio Grassini, il direttore del Comitato esecutivo per i servizi di informazione e sicurezza, l'organo di coordinamento dei servizi, meglio noto come CESIS, Walter Pelosi), il comandante della Guardia di finanza, parte dei vertici dei carabinieri, segretari particolari del presidente della repubblica e del presidente del consiglio, eccetera (tra cui i magistrati, primo tra tutti l'ex procuratore generale Carmelo

Spagnuolo che pure aveva sottoscritto un *affidavit* a favore di Sindona), eccetera (banchieri di banche pubbliche e private, imprenditori, editori), eccetera. C'è l'impressionante contenuto delle buste. Ci chiediamo se l'affare riguardi solo la magistratura o anche gli altri poteri dello Stato. E crediamo che non si tratti di fatti che interessano solo la giustizia.

Tra coloro che rappresentano le istituzioni pensiamo per primo al capo dello stato, Sandro Pertini: riassume nella sua persona l'immagine di tutti i poteri istituzionali, ed è la persona di cui ci fidiamo di più. Cerchiamo un contatto (non è una cosa semplice per due giudici istruttori parlare col presidente della repubblica); mentre stiamo preparando il viaggio una nostra collega ci informa, parlando per telefono in codice (temiamo che i nostri telefoni siano controllati), o meglio parlando d'altro e alludendo indirettamente ("Scusa se ti telefono solo ora, ma tornando da Roma in aereo ho avuto un paio d'ore di ritardo" "Come mai?" "Mah, stava partendo per il Sudamerica il presidente, c'erano misure di sicurezza, il mio aereo è partito tardi"..."Ah sì, non sapevo di questo viaggio, ma starà fuori molto?" "Sembra una decina di giorni") al fatto che il presidente non ci sarà per qualche tempo. Non possiamo aspettare, e cerchiamo di farci ricevere dal presidente del consiglio dei ministri, Arnaldo Forlani.

Cerchiamo, perché da una parte non esiste alcun rapporto tra noi e l'esecutivo, e dall'altra è necessario adottare cautele perché l'incontro rimanga riservato, per evitare clamori e strumentalizzazioni. Ovviamente predisponiamo la lettera ufficiale, ma per organizzare i dettagli (giorno, ora, luogo) ci affidiamo a un collega, Umberto Loi. Umberto, infatti, è consulente presso una Commissione parlamentare d'inchiesta (che, guarda caso, ha il compito di approfondire gli eventuali legami tra la politica e la vicenda economica e finanziaria di Michele Sindona), e quindi frequenta Roma e i parlamentari membri della commissione, e ha la possibilità di contattare in modo riservato il presidente del consiglio, attraverso qualcuno di costoro. L'incontro viene fissato per il 25 marzo, a Palazzo Madama, sede del senato della repubblica.

L'intenzione non è certo quella di comunicare all'onorevole Forlani notizie coperte dal segreto istruttorio, ma allertare l'esecutivo sull'esistenza di un'organizzazione segreta in grado, pare, di interferire sulle decisioni e sulla gestione delle pubbliche istituzioni, consegnargli una copia della lista e di alcune carte trovate, che ne dimostrino, almeno *prima facie*, l'attendibilità.

La mattina del 25 Giuliano e io partiamo da Milano su un'auto civile della Guardia di finanza prima dell'alba, per non dare nell'occhio. Giungiamo a Roma, contattiamo Umberto che dopo pranzo ci accompagna al senato, dove siamo introdotti in una delle tante anticamere e letteralmente dimenticati. Passano le ore, solo a sera riusciamo a metterci in comunicazione con la segreteria del presidente. "C'è stato un equivoco," ci informa una segretaria, "il presidente vi aspettava a Palazzo Chigi, alla sede del governo, potete raggiungerlo lì." Probabilmente una frottola, non si possono dimenticare delle persone per ore. Comunque noi siamo convinti che sia una frottola, e pensiamo che l'onorevole Forlani ci abbia fatto attendere per potersi consultare sull'atteggiamento da tenere nei nostri confronti.

Arriviamo a Palazzo Chigi, ci accompagnano in anticamera e qui chi ci riceve? Il prefetto Mario Semprini, segretario particolare dell'onorevole Forlani, che dall'elenco della P2 risulta titolare della tessera d'iscrizione n. 1637. Non siamo nemmeno tanto stupefatti, sapevamo che il segretario particolare di Forlani risultava nella lista della P2. Pensavamo però che avesse il buon gusto di non venire ad aprirci la porta.

Semprini ci fa accomodare in anticamera, e sparisce. A noi viene da ridere a ripensare alla scena bizzarra e irreale, tutta apparenze, appena vissuta. Sappiamo che il suo nome compare nella lista, ma facciamo finta di niente: oltretutto siamo convinti che lui sappia che noi sappiamo, e ciononostante faccia finta di niente. Probabilmente non gli siamo simpatici, perché la nostra scoperta lo mette nei guai, e tuttavia ci riceve con il più affabile dei sorrisi. Allo stesso tempo, venendoci ad aprire, ci fa toccare con mano la sua vicinanza al presidente del consiglio, e cioè il suo potere.

Torna dopo interminabili minuti, e ci introduce nello studio dell'onorevole Forlani.

Il minuetto continua. Il presidente ci fa sedere e si informa del motivo della nostra visita. Come se non lo sapesse! Fino a quel giorno siamo riusciti a non far trapelare nulla all'esterno, la stampa ancora non ha pubblicato alcunché sul contenuto della scoperta, ma come può il presidente del consiglio dei ministri non esserne stato informato, visto che sono stati trovati i nomi di tre ministri del suo governo, dei capi dei servizi, di una dovizia di parlamentari, molti dei quali del suo partito, del suo segretario particolare?

Forlani ci chiede il motivo della visita e quando gli diciamo che si tratta della P2, di un'organizzazione segreta che potrebbe mettere in pericolo le istituzioni, cade dalle nuvole. O meglio, cerca di dirci qualcosa, ma per un paio di minuti buoni non riesce ad articolare parola. Dalla sua bocca escono suoni gutturali, e abbiamo l'impressione, non confermata, che provi a svilire l'argomento, senza tuttavia riuscire a dominare il linguaggio.

Dopo un po' si riprende, e finalmente parla.

"Ma sono sicuri, lorsignori, dell'importanza della vicenda?" e noi a spiegargli cosa riteniamo di dover pensare sulla base di quel che si è scoperto.

"Ma sono sicuri che non si tratti di documenti falsi, creati apposta per generare confusione?" e noi a riferire dell'assoluta imprevedibilità della perquisizione.

"Ma non si tratta di fotocopie, fotomontaggi, insomma, siamo sicuri che si tratti di documenti originali?"

"Signor presidente, riteniamo che il materiale sia affidabile. Se desidera può cercare di verificare lei stesso. Abbiamo portato la fotocopia della lista degli iscritti, e di qualche altra carta. Tra queste c'è la domanda di iscrizione del suo ministro di grazia e giustizia. Avrà, credo, a portata di mano qualche atto sottoscritto dal ministro, che come guardasigilli controfirma ogni atto del governo."

"Eh sì, qualche cosa firmata da Sarti dovrei averla qui. Ma fatemi vedere, fatemi vedere questa domanda di iscrizione."

Gliela mostriamo, è un foglio a quattro facciate, tipo foglio protocollo. Lui la prende, la gira, la rigira, guarda la firma, la riguarda.

"No, non mi pare che sia la sua. Non credo, non mi sembra, la sua è diversa. C'è qualche somiglianza ma la sua è diversa." E dopo un momento di riflessione: "Comunque, da qualche parte devo avere una firma autografa di Sarti. Fatemi cercare..." e si avvia verso un armadio, lo apre, rovista, torna a sedersi alla scrivania con alcune carte in mano. "Ecco qua, questa è una firma di Sarti. Possiamo confrontarle. Sì, si assomigliano, ma... Eh, si assomigliano, si assomigliano proprio... Sembrano fatte dalla stessa mano. Ma quella che mi avete portato è una fotocopia!"

"Sì, presidente, questa è una fotocopia, ma abbiamo sequestrato l'originale che conserviamo in ufficio."

Si convince, o comprende che non è più possibile insinuare dubbi sull'autenticità delle carte, e ci prende sul serio.

"Lasciatemi le carte che mi avete portato, le studio, le vedo. Devo vedere cosa fare, devo trovare una soluzione."

"Non vorremmo essere impertinenti, presidente. Le carte... il suo segretario, il prefetto Semprini risulta nella lista..."

"Ho capito, me le porterò a casa, e le studierò là. Qualunque cosa intendiate comunicarmi chiamatemi direttamente."

Convenevoli. Torniamo a Milano, con la stessa auto della Guardia di finanza. Non ricordo nemmeno se sulla via del ritorno abbiamo commentato l'incontro. Eravamo molto stanchi e ci eravamo liberati di un peso, di avere solo noi la responsabilità della conoscenza della P2. Probabilmente abbiamo dormito per tutto il viaggio.

Riprendiamo l'esame delle carte, e cominciamo ad acquisire elementi comprovanti la loro attendibilità tramite l'attività istruttoria, che impostiamo su due direttrici: sentiamo come testimoni alcuni iscritti; cerchiamo riscontri al pagamento delle quote di adesione alla loggia.

Quanto alle dichiarazioni, le resistenze sono poche e cedevoli, insomma tutti coloro che sentiamo riconoscono la partecipazione alla P2, a eccezione di uno, che tuttavia ammette conoscenze, rapporti, interessi del tutto in linea con la veridicità dell'iscrizione.

Quanto ai contributi, troviamo alcuni blocchi di matrici di ricevute, con l'indicazione del nome e dell'importo. Pensiamo che alcuni pagamenti siano avvenuti in assegni. Decidiamo allora di andare a cercare dove siano stati versati gli assegni, e avendo identificato due banche di cui Gelli si serviva, decidiamo di perquisirle.

Le due banche si trovano ad Arezzo e a Castiglion Fibocchi. Di nuovo all'alba partiamo da Milano, questa volta con varie auto della Guardia di finanza, e all'apertura delle banche siamo sul posto. Giuliano va a perquisire l'istituto di

Arezzo, io quello di Castiglion Fibocchi. Ci sono resistenze, nel senso che non salta fuori subito quel che cerchiamo, nonostante che, di solito, la presenza fisica di un giudice induca i funzionari a risposte rapide e pertinenti, e alla rapida messa a disposizione della documentazione. Morale, sono necessarie delle ricerche perché, proprio nella banca che stavo perquisendo, salti fuori finalmente un libretto al portatore, il libretto "Primavera", sul quale venivano versate le quote. Altre difficoltà, ma finalmente i dipendenti della banca ammettono che gli assegni versati sul libretto sono stati tutti microfilmati. Ancora problemi, e si individuano alcuni microfilm. Alla fine ottengo l'impegno della banca a trasmetterci la copia di tutti gli assegni. Tarderanno ad arrivare, ma ci daranno la dimostrazione che molte quote di adesione all'organizzazione sono state pagate con uno strumento che lascia tracce indelebili e incontrovertibili. La verifica dà risultati certi.

Nel frattempo riteniamo di far nuovamente visita al presidente del consiglio, per sottoporre alla sua attenzione altra documentazione trovata a Castiglion Fibocchi che, all'esito dell'esame, ci pare di particolare rilievo ai fini della valutazione della pericolosità della loggia, e torniamo a Roma il 30 marzo.

Il ghiaccio era stato rotto la volta precedente. Il presidente è più affabile, e ci comunica la sua intenzione di creare una commissione, di nominare un gruppo di esperti che esamini le carte e valuti natura e finalità della loggia. A noi sembra già tutto sufficientemente chiaro, e ci pare estremamente pericoloso lasciare che iscritti alla loggia gestiscano i servizi di sicurezza. Soprattutto in quel periodo, in cui l'Italia non è ancora riuscita a liberarsi del terrorismo. Non riteniamo, tuttavia, scandaloso che il presidente voglia muoversi con cautela, avere insomma un parere autorevole prima di agire. Gli segnaliamo comunque la nostra impressione, e che occorre fare in fretta.

Sempre nello stesso periodo, un'altra situazione contribuisce a riempire di significati a dir poco inquietanti i rapporti intessuti nella loggia.

Già subito dopo la perquisizione, aveva telefonato a Guido Viola, il pubblico ministero che seguiva il procedimento, il generale dei carabinieri Giovan Battista Palumbo, che aveva comandato, come suo ultimo incarico, la divisione "Pastrengo", una delle tre che coprivano il territorio nazionale, quella del nord, con sede a Milano; insomma, uno dei tre ufficiali dei carabinieri che avevano raggiunto il vertice – più in alto di così si può diventare soltanto vicecomandante dell'Arma – della gerarchia. Palumbo aveva dapprima rivolto a Viola raccomandazioni generiche, come la preghiera di investigare con la massima segretezza, raccomandazioni che probabilmente servivano da tramite per farci arrivare avvertimenti sfumati. Successivamente, invece, era diventato più invadente, ed era giunto a chiedere informazioni specifiche sul contenuto della perquisizione, tipo che "dall'alto" si intendeva conoscere se tra le carte fosse stato rinvenuto anche un "fascicolo sul ministro Sarti".

Viola, come noi, era conscio che qualsiasi incontro, contatto, rapporto, dovesse essere estremamente formale e documentato (per esempio, al presidente del consiglio, in entrambe le occasioni in cui lo abbiamo incontrato, abbiamo gentilmente chiesto, e ottenuto, che ci rilasciasse ricevuta autografa di quanto gli consegnavamo) e, invece di rispondergli, ci informa per iscritto delle *avances* di Palumbo; noi lo convochiamo formalmente e lo sentiamo come testimone, redigendo come sempre un verbale dettagliatissimo. Dimenticavo, il nome di Palumbo risultava nelle liste P2, tessera numero 1672.

Ancora adesso non mi è chiaro perché il generale dei carabinieri Giovan Battista Palumbo si sia fatto avanti, abbia chiesto un contatto. Le sue dichiarazioni costituiscono un elemento fondamentale per comprendere quanto Licio Gelli fosse capace di interferire nella gestione delle istituzioni.

Probabilmente pensa che il nostro incontro sia informale, che non riteniamo di documentare le sue affermazioni. Forse vuole convincerci della innocuità, prima ancora che della lealtà, del "venerabile" (così veniva chiamato Gelli in linguaggio massonico), della inesistenza – o quantomeno degli aspetti innocui – dell'organizzazione che a lui fa capo. Vuole rassicurarci, farci credere che quel signore d'Arezzo ha buoni rapporti con molti esponenti delle istituzioni, ma si tratta di rapporti amicali, da "allegra combriccola" di persone che si incontrano per diletto, per affinità di vedute.

Forse, alla fine lo tradisce il suo senso di lealtà, recondito, nei confronti dell'Arma; più probabilmente non si rende conto, abituato com'è a far coincidere il suo modo di intendere l'istituzione con l'occulto, il segreto, il sotterraneo, dell'assurdità della sua doppia obbedienza.

> Ho recentemente parlato del Gelli e della P2 con il Colonnello Musumeci... che so essere egli pure affiliato alla P2... Il Colonnello Musumeci fa parte del SISMI da circa un anno, un anno e mezzo. Dopo la perquisizione avvenuta a casa di Gelli Musumeci mi telefonò dicendomi di farmi vedere a Roma. Io andai a Roma da lui. Musumeci mi disse che era stata fatta questa perquisizione e si mostrò preoccupato che i nominativi degli aderenti alla P2 venissero divulgati alla stampa, dicendomi che una eventualità del genere avrebbe provocato il finimondo. Mi pregò quindi di mettermi in contatto con il dottor Viola...

Proseguendo nel corso della deposizione, ci racconta di come Gelli sia stato capace di convocare nel 1973, *ad nutum*, nella sua abitazione in Arezzo, contemporaneamente due dei comandanti delle tre divisioni dei carabinieri, insieme, scopriremo poi, a uno dei vertici della magistratura inquirente, il procuratore generale dottor Carmelo Spagnuolo ("Ricordo che a questa riunione il procuratore generale Spagnuolo espose delle sue idee sulle eventuali soluzioni della situazione politica italiana...", riferisce Franco Picchiotti, l'altro generale dei carabinieri presente all'incontro, nella deposizione del 28 aprile 1981).

Per fare che? Per avvertirli delle sue preoccupazioni nel caso in cui, alle imminenti elezioni, non fosse risultato vincitore il blocco moderato. Per informarli di quale comportamento avrebbe gradito da parte dei carabinieri ove tale temuta ipotesi si fosse verificata.

> Gelli ci rivolse subito la parola dicendo che la situazione politica era molto incerta, e di tenere sempre presente che la massoneria anche di altri stati è contro qualsiasi dittatura di destra o di sinistra e che noi della P2 dovevamo appoggiare in qualsiasi circostanza il governo di centro... Io sollevai delle obiezioni chiedendo al Gelli che cosa significasse appoggiare... un determinato governo. Gelli ci disse "con i mezzi che avete a disposizione". Io avrei in conseguenza dovuto, per esaudire le richieste di Gelli, ripetere il suo discorso ai comandanti di brigata e di legione, i quali a loro volta lo ripetessero ai gradi via via subalterni.

Spagnuolo, dalle carte, lo conoscevamo già, per aver sottoscritto quell'*affidavit*, quella dichiarazione giurata da produrre davanti ai giudici americani per cercar d'impedire che Sindona potesse essere riportato, in manette, in Italia. Di *affidavit* analoghi ne erano stati firmati anche altri, sempre per evitare il rimpatrio di Sindona, molti dei quali, avremmo constatato dagli elenchi, da parte di fratelli della loggia P2.

Di Palumbo avremmo scoperto più cose successivamente, grazie all'attività istruttoria di un ostinato collega veneziano, Felice Casson. Il 31 maggio 1972 la stazione dei carabinieri di Peteano di Sagrado, vicino a Gorizia, aveva ricevuto una telefonata anonima, nella quale si segnalava la presenza sospetta, in una strada di campagna, di una Fiat 500, con il parabrezza sforacchiato da proiettili. Dalla caserma si muovono più pattuglie, che individuano l'auto. Si avvicinano in quattro, Antonio Ferraro, Donato Poveromo, Franco Dongiovanni e Angelo Tagliari, e si accingono a ispezionarla. Uno di loro apre il cofano, ne segue una terrificante deflagrazione. Se ne salva uno solo, per modo di dire, perché ne subirà le conseguenze per tutta la vita.

Di Palumbo scopriremo, grazie a Casson, che all'epoca, comandando la divisione Pastrengo, da cui dipendono i carabinieri della legione di Udine, è superiore del colonnello Dino Mingarelli, che comanda la legione, il quale sarà poi condannato per aver depistato le indagini sulla strage di Peteano. È proprio un'informativa di Palumbo – scoprirà anni più tardi Felice Casson – a indicare ai carabinieri di Udine una "pista rossa" che in seguito si dimostrerà falsa.

Gli autori della strage sono Vincenzo Vinciguerra e Carlo Cicuttini, neofascisti veneti. Il primo confesserà la sua partecipazione all'attentato nel 1984; il secondo è tuttora latitante. Anche, o soprattutto, grazie alla capacità degli uomini alle dipendenze di Palumbo di inventare false piste, false tracce, impossibili autori.

Anche di Pietro Musumeci scopriremo, per il lavoro di un altro collega, Libero Mancuso, comportamenti che all'epoca ci erano ignoti. Il 2 agosto 1980 scoppia una bomba alla stazione ferroviaria di Bologna, muoiono ottanta persone, uomini e donne che hanno scelto il treno per partire o tornare dalle vacanze, bambini, tanti bambini al loro seguito. L'ordigno è collocato nella sala d'aspetto della gente comune, la potenza dell'esplosione abbatte pareti e soffitto.

Musumeci fa parte dei servizi segreti, è capo dell'ufficio controllo e sicurezza del SISMI.

Iniziano subito i depistaggi. Il giudice istruttore che si occupa delle indagini viene condotto, come un cagnolino al guinzaglio, verso le più suggestive sedi di un complotto internazionale, il Libano, Beirut. Il tentativo di attribuire a stranieri l'eccidio in questo modo non funziona, e allora entra in scena Musumeci, aiutato da un altro ufficiale dei servizi, Giuseppe Belmonte. Nel gennaio1981 collocano sul treno Taranto-Milano una valigia con armi, esplosivo T4 (di composizione analoga a quello utilizzato a Bologna), biglietti aerei intestati a un cittadino francese e a un cittadino tedesco. E anonimamente avvertono perché la valigia sia ritrovata, perché, finalmente in modo attendibile, si segua una pista di criminalità internazionale. Anche questa volta va male e la trama è scoperta.

Queste e altre cose non conosciamo nella prima fase di indagini sulle carte trovate in Toscana. Cose riguardanti il passato, la storia, le azioni di uomini che sarebbero state scoperte dall'intelligenza, l'abilità, il coraggio e la tenacia di altri magistrati che hanno la stessa nostra voglia di scoperta, la stessa curiosità sulle cause dei fatti.

Invece, al contrario degli altri, sappiamo altre cose, riguardanti il presente.

Per qualche settimana la gente non sa che abbiamo scoperto la P2. Riusciamo a non far trapelare la notizia dagli uffici giudiziari, non parlandone nemmeno con i colleghi più amici (a Piero Forno, ai cui fascicoli chiedemmo ospitalità per le fotocopie che dovevano garantire la conservazione degli atti, abbiamo fatto promettere che non ne avrebbe parlato nemmeno nel sonno, nel caso ne avesse l'abitudine); coloro che sanno perché fanno parte dell'organizzazione non divulgano la notizia: forse ancora non hanno deciso cosa fare, forse pensano di muoversi, come hanno sempre fatto, nella clandestinità, di screditarci, di stravolgere il significato della scoperta, di minare l'attendibilità delle carte; i cronisti giudiziari percepiscono che dalle indagini è emerso qualcosa, ma non sanno cosa. Insomma, per poche settimane, apparentemente è come se non fosse successo nulla.

Noi, Giuliano e io, siamo in una posizione singolare, strana, sotto alcuni punti di vista bizzarra. Possiamo osservare quel che succede attraverso la nostra chiave di lettura, abbiamo una possibilità di interpretazione che gli altri non hanno. E così, quando il nostro collega Antonio Buono, tessera P2 n. 1757, scrive su "Il Giornale" a proposito del "giudice che fa politica" (23 marzo 1981), ovvero ammonisce sul pericolo di "aumentare i poteri di un giudice che decide da solo e per di più cumula le funzioni dell'inquirente a quelle del giudicante" o riferisce di "un sindacato irresponsabile e fazioso per ordine di partito" (30 marzo 1981), o ancora – essendoci capitato tra le mani un pezzo del giorno precedente alla perquisizione – invita a "riflettere sul proposito, espresso da più parti e anche, qualche giorno fa, nella sua intervista televisiva dal segretario socialista, di sottoporre le procure a un controllo da parte dell'esecutivo 'perché lo stato e il cittadino siano adeguatamente rappresentati nel processo'" (16 marzo 1981), noi leggiamo al di là delle parole, del contesto nel quale è inserito l'articolo, e vi riconosciamo il riflesso della sua piduistica appartenenza. Buono è un esponente di rilievo della corrente di Magistratura indipendente, quella alla quale, secondo le carte di Gelli, erano stati destinati contributi da parte del capo della P2.

Ancora di più avremmo capito noi e tanti altri quando, nel luglio di quell'anno, sarebbe stato sequestrato alla figlia di Gelli, Maria Grazia, il *Piano di rinascita democratica*, e cioè il programma politico della Loggia P2, tenuto fino ad allora rigorosamente occulto. Tra i punti qualificanti delle riforme auspicate dal piano spiccano infatti la sottomissione del pubblico ministero all'esecutivo e il forte ridimensionamento dei sindacati.

Cominciano anche le prime, sottili intimidazioni, gli avvertimenti, le allusioni, ancora talmente sommesse da essere percepibili soltanto da chi è abituato a riconoscere il linguaggio subdolo e indiretto della mafia e dell'occulto.

È ovvio però che quella situazione, quasi da limbo, così sospesa, indefinita, è destinata a non durare. Che ci sia stata la perquisizione è noto, e la stampa cerca affannosamente di conoscerne i risultati. Cominciano allora le prime ipotesi sul ritrovamento, presto si arriva a sapere della lista, e iniziano le prime congetture sui nomi degli iscritti, con tutte le inesattezze, le falsità e le strumentalizzazioni che noi avevamo paventato e che avevamo cercato di disinnescare in anticipo, attraverso quel comunicato stampa che il procuratore ci aveva negato.

Più passa il tempo, e più è necessario che l'elenco degli iscritti alla loggia sia reso pubblico. Riteniamo non sia compito nostro procedere alla pubblicazione. Ma a Roma non succede nulla, nonostante nel frattempo sia stata inviata altra documentazione da cui emerge la pericolosità della loggia (tra cui il verbale della deposizione del generale Palumbo, accompagnato da un'elaborata ordinanza con la quale veniva spiegato come il segreto istruttorio, in situazioni così destabilizzanti, non potesse valere nei confronti dei più alti poteri dello stato). E forse non sarebbe successo nulla se non vi fosse stata la Commissione parlamentare sul caso Sindona, istituita da poco. Anche la Commissione ci chiede le carte sulla P2, e noi le mandiamo.

Il governo tergiversa, e soltanto nella seconda metà di maggio decide di rispondere a interrogazioni e interpellanze avanzate più o meno da parte di tutti i gruppi politici. Ascoltiamo le risposte del presidente del consiglio, che è ancora Forlani, in ufficio, sintonizzandoci su Radio radicale, che trasmette le sedute del parlamento. L'argomento centrale è la pubblicazione delle liste. Forlani risponde alle richieste di rendere noti i nomi degli iscritti sostenendo che la cosa non lo riguarda. E il giorno dopo i giornali sono pieni di titoli che ribadiscono: "Forlani auspica che i magistrati rendano noti i nomi della 'P2'"; "Il presidente del consiglio ha detto che il governo non porrà il segreto di stato sugli elenchi massonici, ma anzi ha sollecitato i giudici a renderli noti"; "Forlani: spetta ai giudici togliere il segreto sulla P2".

"Gherardo, che facciamo, non possiamo certo rendere pubblici noi quei nomi."

"Beh, al limite, se ce lo chiedono... eh, no, certo che no, poi ci accuserebbero tutti di aver violato il segreto, di avere invaso campi non nostri."

"E allora, non possiamo nemmeno star qui a far la parte di quelli che non vogliono far sapere le cose all'opinione pubblica... E poi non è possibile che queste liste non vengano pubblicate..."

"Una cosa si potrebbe fare... Scriviamo una lettera a Forlani, e gli diciamo che non esistono controindicazioni sostanziali da parte nostra alla pubblicazione del materiale. Io credo che a quel punto sarà costretto a pubblicare."

"Sì, possiamo fare così, magari distinguendo tra quel che abbiamo trovato e i verbali testimoniali, che invece segreti devono restare..."

Mentre stiamo ancora ragionando, la mattina del 20 maggio, a Turone arriva una telefonata. È il ministro dell'interno, Rognoni, che conosce da tempo Giuliano per motivi di famiglia: "Allora, cosa fate, qui è una confusione incredibile"; "Beh, stavamo pensando di scrivere al presidente del consiglio che da parte nostra nulla osta alla pubblicazione degli elenchi..."; "Mi sembra una bella cosa. Scrivete subito che noi pubblichiamo".

Procedo a scrivere la lettera, la faccio leggere a Giuliano, la firmiamo entrambi e la firma il capo dell'ufficio, con la velocità del fulmine, e con la velocità del fulmine la spediamo. Avevo già imparato allora quanti ripensamenti esistono nella politica. Due minuti dopo che la lettera è partita squilla di nuovo il telefono.

"Sai, Giuliano, a proposito di quel nulla osta, non so se è opportuno..." Giuliano può rispondere senza mentire che la lettera è già partita.

Ciononostante il governo non si decide. La situazione si sblocca soltanto perché la Commissione parlamentare sul caso Sindona annuncia, tramite il suo presidente, che provvederà lei stessa. A quel punto, dal telegiornale della notte si apprende che anche il governo ha deciso.

Le carte escono, e succede il putiferio che aveva facilmente pronosticato il generale Musumeci. Provoca indignazione la scoperta che i nomi di tutti i vertici dei servizi, di tre ministri, di molti parlamentari di partiti diversi, di giornalisti, generali, prefetti, magistrati risultino dalle carte.

Nel giro di poco tempo i "saggi" nominati da Forlani per verificare la natura della P2 concludono il loro lavoro, con un giudizio pesantissimo. La P2 è definita:

> una formazione postasi fuori dell'ordinamento massonico... artificiosamente costituita e fatta funzionare da Gelli successivamente alla sospensione che colpì l'autentica loggia P2 nel 1976... Il vertice della cosiddetta loggia P2 gelliana ha vissuto e si è proposto di operare in Italia come un luogo di influenza e di potere occulto insi-

> nuandosi nei gangli dei poteri pubblici e della società civile, e di ordinare in un unico disegno... bisogni, aspirazioni, ambizioni e interessi individuali sì da convogliarli verso tutt'altri risultati che quelli della solidarietà umana intesa nel suo autentico significato... Un'associazione occulta può diventare... uno Stato nello Stato. E questo non può essere consentito nell'ordine democratico... una associazione occulta potrebbe... non soltanto contribuire a snaturare il sistema rappresentativo della Repubblica... potrebbe altresì far deviare quegli organi pubblici... che sono tenuti a far puntuale applicazione delle scelte... del potere politico e ad osservare l'imparzialità nell'esercizio delle rispettive attribuzioni... Né può essere taciuta le nefasta azione che i centri di influenza occulti potrebbero essere in grado di esercitare in tutta la società civile condizionando... le attività economiche, l'informazione, la vita dei partiti e dei sindacati...

Cade il governo e, per la prima volta nella storia della repubblica, se ne forma uno nuovo presieduto da un esponente laico, Giovanni Spadolini, rompendo così l'egemonia democristiana, che durava da quasi quarant'anni. A settembre è istituita con legge la "Commissione parlamentare d'inchiesta sulla loggia massonica P2", che concluderà i propri lavori circa tre anni dopo, esprimendo valutazioni inequivocabili sull'oggetto delle sue indagini.

> Abbiamo riscontrato che la Loggia P2 entra come elemento di peso decisivo in vicende finanziarie, ... che hanno interessato il mondo economico italiano in modo determinante. ...Si è trattato in tali casi... di due situazioni finanziariamente rilevanti in un contesto internazionale, che hanno sollevato... serie di difficoltà di ordine politico non meno che economico, allo Stato italiano... la Loggia P2 si è posta come... centro di intersecazione di una serie di relazioni, di protezioni e di omertà che ne hanno consentito lo sviluppo secondo gli aspetti patologici che poi non è stato possibile contenere. In questo contesto finanziario la Loggia P2 ha altresì acquisito il controllo del maggior gruppo editoriale italiano mettendo in atto, nel settore di primaria importanza della stampa quotidiana, una operazione di concentrazione di testate non confrontabile ad altre analoghe situazioni... Queste operazioni infine... si sono accompagnate ad una ragionata e massiccia infiltrazione nei centri decisionali di maggior rilievo sia civili che militari e ad una costante pressione sulle forze politiche... la Loggia P2 è entrata in contatto con ambienti protagonisti di vicende che hanno segnato in modo tragico momenti determinanti della vita del Paese... La Loggia P2 consegna alla nostra meditazione una operazione politica ispirata ad una concezione pre-ideologica del potere, ambìto nella sua più diretta e

brutale effettività; un cinismo di progetti e di opere... un approccio strumentale con la massoneria, con gli ambienti militari, con gli ambienti eversivi, con gli uomini delle istituzioni, perché strumentale al massimo è la filosofia che si cela al fondo della concezione politica del controllo, che tutto usa ed a nessuno risponde se non a se stesso, contrapposto al governo che esercita il potere ma è al contempo al servizio di chi vi è sottoposto.

All'inizio del 1982 viene promulgata un'altra legge che scioglie la P2 e ne dispone la confisca dei beni, introducendo nell'ordinamento dello stato un nuovo reato che punisce l'associazionismo segreto diretto a influire sulle istituzioni.

Subito dopo, il Consiglio superiore della magistratura applica una serie di sanzioni disciplinari, compresa per alcuni la rimozione dalla carriera, a molti dei magistrati risultati iscritti alla loggia ("...La loggia P2... costituiva una associazione segreta... inserita principalmente in istituzioni ed organismi pubblici o di pubblico interesse, finalizzata ad interferire sull'espletamento delle loro funzioni", si legge tra l'altro nella motivazione del provvedimento), dando una forte indicazione di impegno per l'indipendenza degli appartenenti all'ordine giudiziario (indipendenza che non consente obbedienze multiple) e dimostrando una sensibilità verso la correttezza dei rapporti tra funzionario e istituzione che purtroppo non verrà emulata dagli organi di controllo aventi competenza sui dipendenti di altre amministrazioni dello stato.

Ma le difficoltà per le indagini non si fermano, anzi.

Quando ancora Forlani rifletteva se pubblicare la lista, si prova ad imbrogliar le carte, ad attaccare la credibilità del materiale sequestrato, attribuendo a circostanze reali motivi o conseguenze assolutamente falsi. Ponendo l'indagine di fronte a rischi immensi, proprio perché la circostanza è vera.

Si presenta così una mattina, a uno di noi, il presidente della provincia di Pisa, il cui nome figura nella lista, e di cui abbiamo rinvenuto la domanda di iscrizione, lamentando che la firma sulla domanda è falsa, e che lui non ha mai aderito alla loggia.

Se quanto afferma è vero, l'attendibilità delle carte è messa in discussione, e allora ci si butta a verificare. Per farla breve, messo a confronto con un altro piduista, alla fine il presidente ammette che la firma era stata sì vergata da un'altra persona, che però poteva ritenersi legittimata a farlo in quanto lui, non vedendo l'ora di diventare massone, l'aveva continuamente importunata perché l'iscrivesse a una loggia, sicché quella, non appena se ne era presentata l'occasione aveva provveduto a redigere, anche nella firma, la domanda di iscrizione alla P2. Il risultato è che l'attendibilità delle liste risulta rafforzata, ma contemporaneamente si è perso tempo prezioso nelle investigazioni sui fatti più gravi.

Si prova con gli attacchi diretti, e pesanti, alla credibilità delle nostre persone, dei magistrati che stanno conducendo l'inchiesta.

Nei primi giorni di luglio viene intercettata all'aeroporto internazionale di Roma Maria Grazia Gelli, figlia di Licio, che ha con sé una borsa con un bordo malamente ricucito, e quindi sospetta. La si esamina, e all'interno si trovano lettere, scritti, materiale diffamatorio nei nostri confronti. Turone e Viola sarebbero titolari di conti correnti in Svizzera, entrambi sarebbero già stati convinti a insabbiare le indagini in cambio di svariate centinaia di milioni, io pure sarei lì lì per accettare, e in ogni caso noi tutti staremmo vendendo a caro prezzo parte del materiale sequestrato, utilizzabile dagli acquirenti a scopo ricattatorio.

Forse la scoperta di quelle carte è intempestiva, o meglio troppo anticipata rispetto all'uso che se ne voleva fare, forse il tentativo di discredito è troppo rozzo, fatto sta che la manovra scoppia quasi subito, come una bolla di sapone, tra le mani di chi l'aveva architettata.

A noi però infastidisce. E ci distrae, come sempre succede per le accuse infamanti. È successo così tante volte di riceverne, a me, a Turone e a tanti altri, eppure ancora non ci abbiamo fatto il callo. E tutte le volte si viene assaliti dall'indignazione per l'onorabilità violata, e si pensa a doversi difendere da quel che non esiste. E tutte le volte necessariamente si perde tempo nelle investigazioni. Il che è, comunque, già un risultato per chi vuole intralciarle.

Intanto, comincia a muoversi la macchina che alla fine sarà capace di strapparci l'indagine.

9.

Ho incontrato per la prima volta Giovanni Falcone nell'autunno del 1980, quando ancora si stava inquadrando l'indagine su Michele Sindona. Giudice istruttore, anche lui come noi, ma a Palermo, seguiva le vicende di alcune persone oggetto della nostra indagine, per motivi diversi dai nostri: lui si occupava direttamente di mafia, del commercio di droga tra Palermo e l'America.

Era sconosciuto, allora, Giovanni Falcone, ma erano bastate poche occasioni d'incontro per renderci conto, Giuliano e io, del suo impegno e della sua capacità, delle grandi possibilità di lavorare a contatto. Arrivava a Milano con altre persone, pubblico ministero, cancelliere, ufficiali di polizia giudiziaria, che di fronte alla sua personalità si notavano appena, e ci scambiavamo le notizie e gli atti prodotti dalle rispettive attività.

Si parlava dello sviluppo delle indagini, si chiedevano informazioni, qualche volta si ottenevano risultati importanti dalla reciproca collaborazione. Ho ancora davanti agli occhi il biglietto, trovato in una sua perquisizione, che ci consentì di dare nome e cognome alla donna che aveva ospitato a Palermo il clandestino Michele Sindona. Era un dettaglio importante, la conferma concreta di una confidenza raccolta in America dall'FBI, la traduzione in prova, in evidenza processuale, di una notizia non utilizzabile.

Quando Falcone, sua moglie, la scorta, sono stati massacrati facendo saltare l'autostrada che congiunge l'aeroporto a

Palermo io ero a San Vittore, il carcere di Milano, a interrogare una persona coinvolta in Mani Pulite.

Esco alle otto di sera ed è un secondino, sulla porta, che mi dà la notizia. Tutto mi si è offuscato dentro, e mi sono sentito vuoto, assolutamente vuoto, e ho sentito che mi era stato strappato qualcosa che non sarebbe più potuto tornare.

A cena rivedo Giuliano Turone, siamo entrambi invitati da tempo a casa di amici. Nessuno si siede a tavola, e l'ostentazione di volere sapere come è successo, l'attenzione alle notizie della televisione, i commenti sul fatto sono soltanto un paravento per mascherare il dolore, per evitare l'insostenibile pesantezza del silenzio. E nel frattempo, mentre continuo a parlare con gli altri, a vedere lo scorrere delle immagini, ritornano in mente tanti episodi di vita, contatti, incontri, momenti felici, scoperte importanti, anche le poche incomprensioni.

Di Giovanni mi aveva colpito, da subito, la scientificità del metodo di lavoro, così rara, fino ad allora, soprattutto (ma non soltanto) tra i colleghi che lavoravano in Sicilia. La scientificità, la capacità di cercare le prove senza limitarsi agli strumenti tradizionali (intercettazioni telefoniche, confessioni), ma inseguendo ogni volta i riscontri documentali, la disponibilità intellettuale a capovolgere il metodo usuale delle investigazioni e a prendere il via addirittura dai documenti e dalle carte, per avviare il lungo percorso che porta alla dimostrazione delle responsabilità.

Metodi adesso nella norma, per molti rappresentavano allora un'eccezione, e il sistema di Giovanni era, per Palermo, l'eccezione maggiore. Andare a cercare la prova degli incontri tra i vari indagati utilizzando i dati reperibili presso gli alberghi, la società dei telefoni, le bollette della luce, del gas, i contratti di affitto, le targhe delle autovetture; cominciare ad approfondire la struttura, la composizione, l'attività delle società; scavare nei rapporti con le banche, e nei legami emergenti attraverso la documentazione conservata presso le banche (la girata di un assegno, per esempio); individuare il patrimonio delle persone, le possidenze e così via. E l'apprezzamento per la dimostrazione del rapporto fra cause ed effetti, il riconoscimento (anche questo allora assai raro in alcune regioni) di quanto fosse essenziale, per l'attendibilità del risultato investigativo, che venisse dimostrato, appunto scientificamente, anche l'anello meno significante della complessa catena che lega una persona agli eventi derivati dal suo comportamento, e quindi anche ai delitti commessi.

Si lavorava molto bene con Giovanni Falcone, perché avevamo l'identica concezione del nostro lavoro. E avevamo la stessa considerazione della collaborazione tra uffici diversi, e quindi tra i nostri.

Il suo, immerso in una città indifferente, tante volte ostile; tra colleghi che non capivano l'attivismo di quel nuovo giudice istruttore, che non si fermava, che sembrava non vedere limiti al proprio operato, incauto, che si esponeva troppo e non accettava il consiglio di moderarsi, di stare attento, di non pretendere di cambiare le cose, che da più parti gli veniva rivolto.

Il nostro, in una città indaffarata a far soldi e però, allora, così vivace culturalmente, apparentemente così poco interessata ai palazzi romani; in un ambiente aperto, tra altri magistrati con la mente immersa in un continuo fermento di dibattiti, confronti, approfondimenti, in cui la normalizzazione – e cioè il controllo per impedire che il nostro lavoro potesse infrangere antichi equilibri, che nulla avevano in comune con il rispetto delle regole e l'applicazione della legge – veniva affidata ai pochi capi che ancora respiravano l'aria della compiacenza verso il potere, nella consapevolezza che si trattasse di una battaglia persa, che i rimedi si sarebbero dovuti cercare altrove, in altri palazzi, presso altri giudici, con l'appoggio di altri modi di pensare. Si lavorava bene, e si ottenevano risultati.

"Sai, abbiamo trovato l'agenzia di viaggi dove hanno comprato i biglietti per andare a riprendere Michele Sindona. Prova a guardare, controlla, forse la usa qualcuno che interessa le indagini tue..."

"Questa loggia massonica... ci sono rapporti con tanti mafiosi... e con chi ha portato Sindona in Italia..., chissà che non serva per quei collegamenti ancora non documentati..."

"Questa società, non vi siete mai imbattuti in questa società? Tra i soci ci sono Tizio e Sempronio, sui quali indagate anche voi..."

"Qui, in questo caso, ci manca un passaggio, non è che da te, tra le tue carte, hai potuto vedere..."

Poi, tra città così lontane, i rapporti di lavoro necessariamente sfumano, svaniscono, si disperdono. E intanto l'immagine di Giovanni Falcone cresce, crescono le sue indagini, i risultati che ottiene, la capacità di incidere nella lotta contro la mafia, la fama.

Contemporaneamente crescono gli ostacoli e le difficoltà.

La storia di Giovanni Falcone è paradigmatica, è la falsariga delle vicissitudini cui va spessissimo incontro chi rompe, applicando la legge, gli equilibri sotterranei tra il potere costituito e la criminalità sommersa.

Nell'estate del 1983 viene fatto saltare per aria Rocco Chinnici. Era il dirigente dell'ufficio istruzione di Palermo, il capo di Giovanni Falcone. Di una umanità coinvolgente, determinato senza alcun cedimento, dipendeva molto anche da lui se la mafia non poteva più essere sicura come in passato. I capi degli uffici sono importanti, sono loro che assegnano le indagini a questo o a quel giudice, che consentono o ostacolano il lavoro, che determinano le strategie, l'impegno dell'ufficio. E la mafia non sopportava che, dirigendolo Chinnici, l'ufficio istruzione di Palermo funzionasse bene anche contro lei stessa. Non sopportava che Chinnici lo consentisse, che addirittura contribuisse.

E Chinnici deve essere eliminato. Non si fanno complimenti, e si instaura una prassi terroristica che verrà tante volte ripetuta in futuro. Chinnici viene fatto saltare per aria, con un'autobomba, il 29 luglio 1983, sulla soglia di casa. Col suo, altri corpi straziati, dilaniati, maciullati: gli agenti di scorta, il custode dello stabile.

Ma l'iniziativa genera soltanto morte, non gli effetti sperati da chi l'ha attuata: il posto di Chinnici è assegnato ad Antonino Caponnetto, e con lui Giovanni Falcone, Paolo Borsellino e altri giudici, meno noti ma non meno capaci di loro, concludono le prime indagini significative contro la mafia, arriva la svolta, il maxiprocesso.

Giovanni lavora, lavora, lavora. Si sposta, viaggia, trova prove in ogni parte del mondo. Svela i percorsi dell'eroina, le vie del denaro sporco, i contatti con la mafia italoamericana, le lotte tra famiglie, gli omicidi, la scalata della mafia vincente. I pericoli aumentano, è costretto a sopportare protezioni che diventano prigioni. Quando, passando da Milano, succede che si fermi un momento da me, la strada sotto casa è bloccata, chiusa al traffico, per evitare attentati. E quando sta terminando di scrivere, insieme a Borsellino, l'atto finale delle sue investigazioni, l'ordinanza con la quale dispone il giudizio per centinaia di persone, è obbligato, con Paolo e le rispettive famiglie, per pressanti motivi di sicurezza, a trasferirsi all'isola dell'Asinara, sopra la punta nordoccidentale della Sardegna, dove vengono ospitati nel carcere. Alla fine, si vedrà recapitare il conto dell'alloggio e delle consumazioni.

Il tempo passa, Caponnetto, da quattro anni lontano da casa, stanco e malato, chiede di tornare a Firenze.

Caponnetto, oggi ormai ultimo simbolo dell'ufficio istruzione di Palermo, simbolo della svolta, simbolo dell'impegno. Caponnetto e la sua dirittura morale, il rigore, la profondità, l'umanità, la modestia, la ritrosia, la misura. Caponnetto, costretto per sicurezza a vivere anni, a Palermo, lontano dai suoi, in una caserma.

Caponnetto che, adesso, gira le scuole per insegnare ai ragazzi cosa sono le regole, e perché seguirle, cosa sono la mafia, la corruzione, il potere colluso, le intese occulte e perché rifiutarle, comunicando entusiasmo e tenendo per sé la stanchezza degli anni, il dolore per gli amici caduti, quasi figli, fratelli.

Caponnetto torna a Firenze, e questa volta la mafia ha fortuna.

"Ma cos'è questa roba?"

Il "Corriere della Sera" lo sfogliavo spesso. E avevo una grande stima di Leonardo Sciascia, di cui avevo letto tutta la produzione letteraria e che ammiravo per lo stile, la capacità di avvincere, ma soprattutto per la spregiudicatezza e l'obiettività nell'affrontare il leitmotiv delle sue opere, la mafia.

I professionisti dell'antimafia era il titolo che appariva sul quotidiano milanese del 10 gennaio 1987.

E poi l'articolo, a tutta pagina. Commentando l'opera di uno storico inglese, Christopher Duggan, dedicata all'analisi del fenomeno mafioso nel periodo fascista, Sciascia osserva che la lotta alla mafia fu, in quell'epoca, strumento di una fazione, interna al fascismo, per il raggiungimento di un potere incontrastabile. Insomma,

> l'antimafia come strumento di potere. Che può benissimo accadere anche in un sistema democratico, retorica aiutando e critica man-

cando. E ne abbiamo qualche sintomo, qualche avvisaglia... Eccone uno attuale ed effettuale. Lo si trova nel "notiziario straordinario n. 17" (10 settembre 1986) del Consiglio Superiore della Magistratura. Vi si tratta dell'assegnazione del posto di Procuratore della Repubblica a Marsala al dottor Paolo Emanuele Borsellino e dalla motivazione con cui si fa proposta di assegnargliela salta agli occhi questo passo: "Rilevato, per altro, che per quanto concerne i candidati che in ordine di graduatoria precedono il dott. Borsellino, si impongono oggettive valutazioni che conducono a ritenere, sempre in considerazione della specificità del posto da ricoprire e alla conseguente esigenza che il prescelto possegga una specifica e particolarissima competenza professionale nel settore della delinquenza organizzata in generale e di quella di stampo mafioso in particolare, che gli stessi non siano, seppure in misura diversa, in possesso di tali requisiti con la conseguenza che, nonostante la diversa anzianità di carriera, se ne impone il superamento da parte del più giovane aspirante".
Passo che non si può dire un modello di prosa italiana, ma apprezzabile per certe delicatezze come "la diversa anzianità", che vuol dire della minore anzianità del dottor Borsellino, e come quel "superamento" (pudicamente messo tra virgolette), che vuol dire della bocciatura degli altri più anziani e, per graduatoria, più in diritto di ottenere quel posto. Ed è impagabile la chiosa con cui il relatore interrompe la lettura della proposta, in cui spiega che il dottor Alcamo – che par di capire fosse il primo in graduatoria – è "magistrato di eccellenti doti", e lo si può senz'altro definire come "magistrato gentiluomo", anche perché con schiettezza e lealtà ha riconosciuto una sua lacuna "a lui assolutamente non imputabile": quella di non essere stato finora incaricato di un processo di mafia. Circostanza "che comunque non può essere trascurata", anche se non si può pretendere che il dottor Alcamo "pietisse l'assegnazione di questo tipo di procedimenti, essendo questo modo di procedere tra l'altro risultato alieno dal suo carattere". E non sappiamo se il dottor Alcamo questi apprezzamenti li abbia quanto più graditi rispetto alla promozione che si aspettava.
I lettori, comunque, prendano atto che nulla vale di più, in Sicilia, per far carriera nella magistratura, del prender parte a processi di stampo mafioso...

Quale carriera abbia fatto Paolo Borsellino è notorio. Salterà in aria anche lui, una domenica di luglio, due mesi dopo Giovanni Falcone, insieme alla scorta. Salterà in aria a Palermo, dilaniato dall'esplosivo di un'autobomba, entrando nella casa della madre. Salterà in aria occupando un posto analogo a quello la cui assegnazione aveva tanto scandalizzato Leonardo Sciascia. Salterà in aria continuando la sua vita di sempre, il lavoro di procuratore impegnato in processi di mafia, il lavoro svolto per tanti anni con Giovanni Falcone, e l'impegno nelle scuole, a indicare ai giovani la strada della legalità e del vivere civile.

"Ma cos'è questa roba?"

Non lo leggevo quasi mai, invece, "Il Giornale", fondato da Indro Montanelli e dall'aprile 1987 di proprietà di Silvio Berlusconi, tessera P2 n. 1816. Non lo leggevo, perché non leggo tanti giornali, e quello non era il mio preferito; avevo già provato la strumentalità di alcune sue notizie che riguardavano il mio, personale lavoro. Quella mattina del gennaio 1988, però, sull'aereo per Roma, me n'era capitata tra le mani una copia.

"Cos'è questa roba?" In buona evidenza, un titolo molto pesante nei confronti di Giovanni Falcone: *Csm al bivio per l'ufficio istruzione di Palermo: o Meli (favorito) o Falcone (appoggiato da Dc-Pci). Il giudice fa carriera solo per "meriti antimafia"?*

"Ma come si fa a scrivere una roba del genere," penso tra me, viaggiando da solo. Leggo un pezzo d'articolo e ne resto indignato. C'è proprio di tutto. Dal processo di *beatificazione* di cui sarebbe stato oggetto Giovanni, alle sue attitudini, "sicuro mezzo 'per far carriera all'ombra dell'antimafia' ", agli "accordi segreti tra politici e correnti dell'Associazione magistrati" aventi a oggetto il suo nome, all'appoggio che avrebbe avuto da parte del Partito comunista italiano.

Quasi non mi capacitavo che si potessero scrivere insulti gratuiti su chi, per anni, non aveva fatto altro che il proprio lavoro con la capacità, la profondità e la competenza di Giovanni Falcone. Sull'antesignano dell'investigazione nei confronti della mafia, su chi stava continuando a svolgere le proprie funzioni con la stessa sagacia, e gli stessi risultati. Certo sapevo quante volte (era successo anche a me, a colleghi vicini) si fosse usata l'arma della diffamazione per gettare discredito su un giudice e attentare alla sua credibilità.

Non mi capacitavo che lo si attaccasse minando la fiducia dei cittadini sulla sua indipendenza, sul valore assoluto, sulla stessa giustificazione, legittimazione della sua attività. Quante volte era successo, e quante volte sarebbe successo. Ma mi sembrava così rozzo, quell'attacco, e soprattutto non ne vedevo la ragione, non capivo quali interessi, quali motivi potessero esistere per attaccare la credibilità di Falcone.

Arrivo a Roma e manifesto il mio stupore, la mia indignazione, e il mio disgusto forse a Turone, forse a Caponnetto, che vedo ogni settimana partecipando alla commissione, da lui presieduta, per la riforma delle parti del codice di procedura penale che avevano riflessi sulla criminalità organizzata.

Ne seguiranno ancora, di articoli dello stesso tenore; alcuni titoli: *Ora è Meli che accusa Falcone: fu "riguardoso" con i Costanzo*; *Già il giudice Chinnici (ammazzato dalla mafia) aveva messo in dubbio i metodi di Falcone*; io mi convincerò che il modo di lavorare di Giovanni dava fastidio a molte persone.

Quando Nino Caponnetto torna a Firenze la mafia ha fortuna.

Era arrivato presto, per Giovanni Falcone, il momento di vedere quanto l'efficacia del proprio lavoro provochi resistenze, e vere e proprie ritorsioni. Non solo da parte della mafia, non solo per fare piacere alla mafia. A volte si sfogano le gelosie di chi può sentire intaccata la propria autorevolezza dalla fama acquisita da altri nella stessa disciplina. A volte si dà spazio all'invidia da parte di colleghi che non sopportano il successo altrui.

Quando, a fine 1987, Caponnetto decide di tornare a Firenze, Giovanni Falcone ha già perso un po' della solidarietà e dell'affetto di molti colleghi. È troppo bravo nel suo lavoro, e questo lo rende antipatico, a qualcuno insopportabile.

Caponnetto decide di tornare a Firenze, ma non abbandona. Subordina la sua scelta alla possibilità che il lavoro a Palermo continui, che continui l'impegno nei processi di mafia. Si sigla una specie di patto: Nino insisterà nella richiesta di trasferimento soltanto se sarà Giovanni a sostituirlo a capo dell'ufficio istruzione.

E le cose sembrano andare così: Giovanni si fida delle assicurazioni che gli giungono da più parti, e anche dopo che un collega molto più anziano di lui rinuncia a concorrere al più prestigioso incarico di presidente del tribunale di Palermo per aspirare al posto di consigliere istruttore, ritiene che la maggioranza dei membri del Consiglio superiore della magistratura voterà per lui.

Caponnetto è trasferito a Firenze, non si può più tornare indietro.

Tra i membri del Consiglio le invidie, le gelosie, le antipatie personali, si cementano tra loro, magari si incrociano con ipotetiche, sotterranee, insospettabili affinità con la mafia. Quelli che proprio non vogliono che Falcone venga nominato trovano involontari alleati in chi, per timore dell'arbitrio, abbraccia gli aspetti formali delle regole e della prassi che allora presiedono, non sempre scritte e non immodificabili, alle nomine. Per questi, che inconsapevolmente ripercorrono in parte la logica di Sciascia, Giovanni Falcone è troppo più giovane del suo concorrente, scegliere lui stravolgerebbe la regola che dà all'anzianità di carriera valore quasi assoluto nella scelta dei dirigenti: verrebbe meno la garanzia, quanti soprusi si potrebbero commettere se non ci fosse almeno questo punto fermo, se si consentisse che chi è molto più giovane scavalchi chi gli sta davanti di anni.

E non importa l'abilità, la storia personale, il raffronto tra quello che i due hanno concluso. Non importa l'evidente capacità organizzativa di Giovanni, per conferirgli funzioni che necessitano quasi soltanto di quella. No, senza arrivare al paradosso di Sciascia, per il quale i meriti diventano l'estrinsecazione visibile dell'interesse personale, prima comunque deve stare la regola dell'anzianità.

Quante parole, una sera di gennaio, al consiglio nazionale di Magistratura democratica, per convincere due dei tre aderenti, nominati al Consiglio superiore, a votare Falcone. Quasi tutti i palermitani, che hanno lavorato con lui, che ne conoscono i metodi, la serietà, l'impegno, sono per lui, e con loro quelli che l'hanno conosciuto sulle carte, nell'andare a cercare le prove, a mettere insieme gli elementi perché abbiano senso nella ricostruzione dei fatti, a inventare schemi organizzativi perché i nostri uffici funzionino. Non c'è niente da fare, i due voteranno per l'altro, e a capo dell'ufficio istruzione viene nominato, per una differenza minima di voti, l'antagonista dell'ultima ora di Giovanni Falcone.

Nel giro di pochi mesi l'ufficio istruzione è disfatto, reso completamente inefficiente. Il nuovo capo non sa gestire, non sa organizzare, e la mafia ha avuto fortuna.

Marco era sempre il primo ad alzarsi. La mattina, non riusciva a stare nel letto oltre le sei. Si vestiva e scendeva al bar più centrale dei tre o quattro che esistevano su tutta l'isola. Si sedeva, faceva colazione, scambiava quattro chiacchiere con il parroco e con qualcun altro di quei pochi che non erano capaci, o non avevano voglia, di svegliarsi più tardi. Poi rimaneva in attesa del primo traghetto, del primo aliscafo che portasse i giornali.

L'isola, Marettimo, si trova poco distante dalle coste di Trapani, punta verso nordovest della Sicilia occidentale. Piccola, piccolissima, non ha strade carrozzabili, ma una specie di vecchia rotabile in disuso e semidistrutta che porta al faro, dalla parte diametralmente opposta al paese. Ha coste assai frastagliate, piccole insenature formate da rocce che si infilano in un'acqua limpida, rimanendo talora sospese e creando minuscole grotte, anfratti, cunicoli che qualche volta comunicano con piscine naturali interne, alimentate per via sotterranea dall'acqua di mare.

Marco non sapeva nuotare e mentre Simone si divertiva a percorrere gli strettissimi passaggi reconditi per misurare la propria resistenza in apnea e godere, separati da pochi metri, la calma delle pozze profonde e il rifluire del mare aperto, e qualcuno pescava, qualcun altro rimaneva sdraiato a farsi scaldare dal sole, Marco leggeva. Leggeva, e sollecitava commenti soprattutto su quanto veniva scritto a proposito di Giovanni Falcone.

Ripensandoci, non c'era voluto molto tempo per distruggere il pool. Eravamo all'estate del 1988, e già Giovanni Falcone pensava di non poter più lavorare all'ufficio istruzione. I commenti dei giornali, infatti, riguardavano la prospettiva che Falcone assumesse la responsabilità di alto commissario per la lotta contro la mafia, un ufficio amministrativo per dirigere il quale sarebbe definitivamente uscito dalla magistratura. Si parlava di lui e di Domenico Sica, un artefice, forse centrale, del trasferimento a Roma del processo P2, come suo concorrente.

L'ufficio dell'alto commissario era stato istituito da quasi sei anni. Nella primavera del 1982 Carlo Alberto Dalla Chiesa, generale dei carabinieri popolarissimo per la sua attività contro il terrorismo, è nominato prefetto di Palermo, con l'evidente incarico di combattere la mafia mentre il livello di efferatezza, ferocia, crudeltà di questa cresceva giorno dopo giorno.

Dalla Chiesa accetta l'incarico, si trasferisce in Sicilia, si dà da fare, lavora, introduce metodi prima sconosciuti, operando soprattutto sulla società civile, incontrando la cittadinanza e le forze del lavoro, cercando insomma di stabilire un contatto concreto tra istituzioni e popolazione, di togliere consenso alla mafia.

Contemporaneamente lamenta la mancanza di mezzi e poteri, che gli consentano di coordinare e dirigere gli interventi antimafia. I poteri non li avrà mai. Una sera di settembre è crivellato di colpi, insieme alla giovanissima moglie. Come tante volte succede in Italia, i poteri vengono concessi solo a seguito della sua morte, solo a chi viene dopo di lui. Sono poteri rilevanti, vanificati per anni dall'atteggiamento burocratico di chi ne viene investito. Forse, con Giovanni Falcone la struttura potrebbe incominciare a produrre.

Marco mi chiede, non sa, non capisce. È dirigente d'azienda, lontano dalle logiche di palazzo, e ci conosciamo da poco, è la prima volta che viene in vacanza con noi. Gli sembra spropositato l'interesse della stampa alla nomina, eccessivi i conflitti montati sui nomi dei due candidati. Io invece non capisco del tutto la scelta di Giovanni Falcone. È una questione di convinzioni. Non credo, non ci ho mai creduto, all'incisività di strutture separate. Ho sempre pensato che l'unità delle forze, nella polizia e nella magistratura, consenta risultati più efficaci e più trasparenti. Ritengo che della questione mafia si debbano interessare le strutture ordinarie, adeguatamente potenziate, nella loro completezza, in modo che sia effettivamente assicurato il controllo del territorio alle forze dell'ordine, e mantenuta l'unicità della giurisdizione nella magistratura.

Mi pare poi che l'*intelligence*, i servizi segreti, di cui l'alto commissariato condivide la natura, non abbiano mai ottenuto risultati importanti. Dubito, poi, che Falcone possa operare come ritiene in quella struttura. D'altra parte, Falcone è evidentemente sprecato in un ufficio diviso, distrutto, sul quale una parte di stampa sta spargendo il sale attraverso l'esasperazione di ogni contrasto e la sistematica denigrazione di Giovanni Falcone.

Ha acquisito un'esperienza probabilmente unica sulla mafia, sul suo modo di operare, di tessere trame, trovare collegamenti, ottenere coperture, infiltrarsi nel tessuto delle istituzioni, dell'economia e della finanza. La sua capacità organizzativa è eccezionale, forse tale da vincere le resistenze di una struttura abituata a operare burocraticamente. D'altra parte, da quando l'ho conosciuto nelle indagini sulla P2, non nutro fiducia in Domenico Sica.

Non ricordo se lasciando Marettimo è già intervenuta la nomina di Sica. Ricordo però che vado a a trovare Giovanni nel suo ufficio a Palermo, per salutarlo e per cercare di capire.

Che strana atmosfera, che grande disagio in quella città!

Palermo era stata stupenda. L'avevo conosciuta tanti anni prima, verso la metà degli anni sessanta, in una vacanza singolare. Un mucchio di parenti (genitori, fratelli, zii, cugini) in un giro per l'Italia che sta a sud di Milano, in campeggio. Giravamo la Sicilia in senso orario, prima il barocco di Catania, poi le vestigia, greche o romane, isolate o in grandi città: Siracusa, Piazza Armerina, Agrigento, Selinunte, Segesta e infine Palermo. Arriviamo scendendo il monte Pellegrino, una specie di gigantesco canino sulla vetta del quale il santuario di Santa Rosalia domina, da occidente, la città. La vista di Palermo è preceduta da quella di una grande conca, completamente coltivata ad aranci, spettacolo suggestivo specie quando i frutti sono vicini alla maturazione, e il loro colore si mischia a quello delle foglie, creando una distesa di differenti colori dei quali prevale ora l'uno, ora l'altro, a seconda di come la brezza dispone le fronde, con un alternarsi continuo che talvolta richiama il movimento del mare.

La città è vecchia e antica, e mostra evidente lo stratificarsi delle culture che hanno contribuito a crearla. Palazzi, teatri, chiese e cattedrali costruiti in tempi diversi, testimoniano le dominazioni straniere, arabe, normanne, e l'importanza che la città aveva per quelle culture. Insieme, la vecchiezza di tanti palazzi, l'abbandono di interi quartieri, che sembrano testimoniare, al contrario, il disinteresse attuale per la città.

Palermo, ai miei occhi adolescenti, appariva tranquilla, sdraiata e sonnecchiante sotto il sole canicolare di luglio, immersa nel verde dei parchi, della grande distesa della Favorita che, man mano che ci si allontanava dal centro, si confondeva con il verde dei frutteti e dei campi. Si sentiva l'odore, o almeno l'atmosfera del mare, diffusa dalle centinaia di bancarelle, lungo la costa, che vendevano pesce e soprattutto frutti di mare. Comunicava, Palermo, dalle sue case, dalle strade, dalla confusione dei mercati, la sua essenza di città al centro del Mediterraneo, non del tutto europea ma nemmeno africana.

Che disagio, nella nuova Palermo, cresciuta a velocità della luce attraverso l'urbanizzazione selvaggia. Distese di case che disordinatamente sostituiscono i vecchi aranceti, strade confuse, traffico intenso, ferite all'interno della città costituite da imponenti lavori iniziati e mai terminati. E ferite d'intorno, case e palazzi iniziati abusivamente sul pendio della montagna e per questo bloccati, paiono scheletri di abitazioni e col tempo vanno lentamente deteriorandosi. Il verde non c'è quasi più, e anche l'immenso parco è ridimensionato, mangiato in parte dal cemento e non più comunicante con le distese degli aranceti, anch'essi consumati via via dall'avanzare degli edifici.

La serie quasi infinita degli omicidi di mafia, dei mafiosi nelle guerre di mafia, dei magistrati, dei poliziotti, dei carabinieri, dei giornalisti, degli imprenditori nella guerra tra le istituzioni e la mafia, ha cambiato l'atmosfera, non credo soltanto per il visitatore occasionale. L'aria è squarciata continuamente dalle sirene delle scorte ai magistrati, da quelle delle auto della polizia che intervengono a ogni momento.

Ci si sente a disagio, e non si capisce se questa sensazione è la percezione di ostilità dell'ambiente o, più facilmente, il respirare un conflitto infinito, contraddizioni, contrapposizioni che fanno fatica a non esprimersi palesemente, a rimanere nascoste.

L'ufficio di Giovanni Falcone, nel palazzo di giustizia, è blindato; c'è una porta di metallo spesso, controllata da un videocitofono, attraverso la quale si accede, una volta riconosciuti, in un breve corridoio sul quale si affaccia la sua stanza.

Giovanni ha il suo solito modo di fare, disponibile e sincero. Parliamo un po' delle difficoltà che incontra nel lavoro, delle "novità" del dopo Caponnetto, della sfiducia che via via ha incominciato a insinuarsi tra i vari componenti dell'ufficio, che favorisce la sua progressiva disgregazione ed è sintomatica della fine di un periodo, di una stagione.

Gli chiedo dell'alto commissariato, della prospettiva che ne diventi il capo, del suo stato d'animo. E poi voglio soddisfare una curiosità, nata da una sua dichiarazione di apprezzamento nei confronti del suo concorrente. Giovanni ha manifestato, in un'intervista, grande apprezzamento per Domenico Sica, il suo antagonista, e la sicurezza che avrebbe saputo svolgere con competenza la funzione. Io sapevo, fin da quando lavoravamo a contatto sulle vicende di Michele Sindona, che la sua valutazione dell'uomo era alquanto diversa.

L'impressione che ricavo dal nostro colloquio è che tale valutazione non sia mutata. Mi pare che le sue dichiarazioni alla stampa siano state un po' di maniera. Giovanni mi sembra cambiato.

Evidentemente, lo sconvolgimento dell'ufficio istruzione l'ha indotto ad alcune riflessioni. Credo che già la disponibilità ad assumere l'incarico di alto commissario ne sia l'effetto. Sicuramente, tutte le sue scelte successive sono dettate dalla convinzione dell'impossibilità di combattere la mafia da un ufficio giudiziario a competenza limitata, dipendente dalle impostazioni di fondo del dirigente, dalle sue direttive, dalle sue decisioni se mantenere unite le inchieste oppure atomizzarle. Convinzione cui, col tempo, se n'è affiancata un'altra, come conseguenza diretta della prima, maturata forse anche per le considerazioni di importanti pentiti: che, facendo il giudice, non si possa affrontare contemporaneamente il livello operativo, l'estrinsecazione criminale evidente, e il livello protettivo, quello annidato nei palazzi della politica, dell'organizzazione mafiosa.

E così Giovanni, dopo aver tentato inutilmente d'essere eletto al Consiglio superiore della magistratura, decide di trasferirsi a Roma, accettando l'incarico di dirigere l'ufficio affari penali, alle dipendenze del ministro di grazia e giustizia, onorevole Claudio Martelli.

Compito istituzionale dei magistrati è quello di praticare la giurisdizione, di partecipare, come requirenti-investigatori o come giudici, a dirimere le controversie. Tuttavia è previsto per legge e non raramente praticato per consuetudine che alcuni di essi siano "messi fuori ruolo", smettano di fare i magistrati, per svolgere funzioni amministrative presso alcuni ministeri, presso commissioni parlamentari e così via. Giovanni, al Ministero di grazia e giustizia faceva l'amministratore, il dirigente dell'ufficio che si occupa della gestione di quanto compete al governo in materia penale.

Non sono convinto della scelta, sia per la grande stima che

nutro per Giovanni Falcone giudice, sia per la sfiducia negli apparati burocratici: credo che Giovanni non sia particolarmente utile nel suo nuovo lavoro, e ritengo inopportuno che entri a far parte dello *staff* di un ministro il cui nome è tra le carte della P2, associato a un conto svizzero, presumibilmente utilizzato per operazioni sconosciute, che già da allora si sospetta essere servito per farvi transitare denaro illecito.

Non ritengo che la mafia possa essere fronteggiata in una sua parte senza coinvolgere l'altra, e penso che meglio sarebbe per tutti se Giovanni continuasse a investigare.

Probabilmente, sulla sua possibilità di incidere anche da amministratore, mi sbaglio: credo infatti sia stato Falcone a operare più di tutti perché la Corte di cassazione, e per essa la prima sezione, cessi di costituire, nei fatti, l'ultima ma non poco importante spiaggia, l'ultima via di salvezza dall'applicazione, ai mafiosi, delle sentenze dei giudici di merito.

Nel giro di poco tempo, pensiero dominante di Giovanni diviene la costituzione di un ufficio nuovo, pensato per se stesso, nel quale accentrare il coordinamento e l'impulso investigativo in tema di mafia. Si incomincia a parlare di "superprocura", di una struttura giudiziaria di livello nazionale, e quindi competente su tutto il territorio dello stato, che possa operare in qualsiasi indagine o investigazione che riguardi la mafia, assumendo informazioni, acquisendo atti dalle procure locali, coordinandone le attività, fiancheggiandole nel lavoro. E si parla di sezioni particolari delle procure più importanti, sotto il profilo geografico, alle quali affidare anche i processi di mafia di competenza delle procure periferiche. Si ventila la possibilità di introdurre norme processuali dedicate ai processi di mafia. Si azzarda la costituzione di nuove forze di polizia specializzate nella materia.

Il dibattito è ampio, parte della magistratura, dell'opinione pubblica, delle forze politiche è fortemente perplessa. Dal canto mio sono convinto che la novità romperebbe l'unità della giurisdizione, dividerebbe i magistrati in due, quelli di serie A e quelli di serie B, con effetti dannosi sull'impegno e la professionalità dei secondi, giustificherebbe lo scadimento delle strutture degli uffici di questi ultimi, ostacolerebbe ulteriormente la possibilità di visioni globali da parte delle forze dell'ordine presenti sul territorio. E sono sempre stato sicuro che se alcune strutture dello stato non funzionano, o funzionano male (alcuni uffici periferici, alcune persone che fanno il magistrato, alcune forze di polizia) bisogna intervenire su quelle, migliorarle, cambiarle, piuttosto che introdurre nuovi uffici, competenze, funzioni. Certo, le necessità che sottendono l'idea di Giovanni sono concrete, reali, ma non credo sia quello lo strumento per attuarle.

Non ho occasione di analizzare la questione con Giovanni Falcone. Ci vediamo poco, nell'ultimo periodo e, passando il tempo, le comunicazioni sono spesso ostacolate dalla scarsa compatibilità tra i risultati delle indagini di Mani Pulite e il rapporto gerarchico che lo fa dipendere da un ministro espressione del partito forse più compromesso dalla corruzione.

L'iniziativa di istituire la cosiddetta superprocura va avanti, e tra la fine del 1991 e l'inizio del 1992 assume il valore di legge. Mentre si stanno organizzando le nuove strutture e l'opinione pubblica discute sul nome della persona cui affidare il ruolo di procuratore antimafia cercando di indovinare le candidature e le scelte, Giovanni Falcone viene assassinato. Con un destino simile a quello del generale Dalla Chiesa, non potrà mai usare gli strumenti che aveva concepito per combattere la mafia.

Perché è stato ucciso Giovanni Falcone? Perché hanno pensato a un atto di guerra, far saltare un'autostrada, per assassinarlo? Perché un gesto così clamoroso? Evidentemente Giovanni era diventato il simbolo della lotta alla mafia, ed era necessario eliminare il simbolo, ancor più della persona fisica.

Con la stessa evidenza, però, il lavoro di Giovanni aveva contribuito con rara efficacia a indebolire la mafia che, addirittura in contrasto con il proprio interesse e con l'inveterata abitudine a operare nell'ombra, ha avuto la necessità di mostrarsi apertamente, di sottolineare la sua presenza. Quello che sembrava un segno di forza sottintendeva, infatti, grande debolezza. Distrutto il corpo di Giovanni Falcone, il valore simbolico è stato subito incarnato da Paolo Borsellino, che ha immediatamente raccolto il testimone che Giovanni era stato costretto a lasciare.

Anche Paolo, nel giro di poco tempo, è stato annientato con lo stesso clamore, con un'altra dichiarazione di guerra. Ma, come spesso succede, il loro martirio ha risvegliato gli animi e si è rivoltato contro chi lo aveva voluto. La mafia si è indebolita ulteriormente, l'orrore ha convinto numerosi suoi membri a uscirne, a mettersi dalla parte dello stato. In tanti hanno moltiplicato la loro presenza, i momenti di incontro, la protesta civile. Valorosi colleghi, coinvolti dal ricordo di chi era scomparso, e motivati di nuovo dall'indignazione, hanno a loro volta raccolto quel testimone, proseguendo il lavoro di chi non c'era più. Con tempestività fino ad allora sconosciuta sono stati scoperti esecutori e mandanti, i mandanti di mafia.

Ma è stata soltanto la mafia a volere questi atti di guerra?

10.

Com'è pesante crescere, e come pone progressivamente di fronte ai propri limiti. E quanto riduce, fin dalla percezione degli spazi. Le stanze del Tornago, che da bambino sembravano immense, si sono progressivamente rimpicciolite, man mano che le dimensioni del corpo aumentavano, fino a raggiungere le proporzioni che si distinguono da adulti. E insieme alle loro dimensioni quasi illimitate è progressivamente scomparsa tanta parte della magia che quelle stanze diffondevano.

Le sensazioni delle sere e delle notti d'inverno, quando il buio precoce aiutava la fantasia a inventare situazioni da fiaba, le paure del non completamente appreso e conosciuto, che si alimentavano con complicità, giorno dopo giorno lasciavano spazio al reale. Certo, rimanevano e rimangono gli affetti, le sensazioni che comunque gli affetti vissuti imprigionano in un luogo, in un oggetto, ma crescendo ci si trova di fronte alla vita. E la percezione dell'infinito svanisce, e lascia il posto alla concretezza dei muri, dei soffitti, delle porte e delle finestre, piccoli spiragli da cui entra massiccio il mondo esterno, il mondo dei grandi.

Mi succedeva spesso, mentre investigavamo sulla P2, di passare le sere a Renate. Vi si arrivava da Milano in poco più di mezz'ora, e la poca distanza consentiva di lasciarvi Simone, affidato alle cure dei nonni, e raggiungerlo all'ora di cena. Il ricordo delle mie sere a Renate, affidato ancora all'affetto e all'attenzione dei nonni, era sfumato, stivato, immagazzinato in meandri reconditi della memoria, e faticava non poco a riaffiorare, con la mente completamente presa dalle dimensioni, e dai fatti, da adulto.

Erano lontane le sere, quando, con mio fratello e i nostri amici, si giocava a stuzzicare l'ignoto e ci si nascondeva, ripetutamente come per rito, nei luoghi che più potevano suscitare paura, ad attendere sconosciute ed inesistenti presenze finché non ci sembrava che si fossero materializzate. Era spesso una nicchia che dava sulla scala, che allora poteva tranquillamente accogliere quattro di noi, e che ora sarebbe scomoda anche per uno soltanto; ma poteva essere un angolo più remoto della stanza più grande, o i luoghi più esposti, più vicini a quello che allora sembrava l'immenso giardino.

Erano lontane la trebbia, la mietitura, il grano e il granturco, la percezione del cortile brumoso attraversato nel buio.

C'era, invece, e forte, tutto il limite che quegli spazi abbandonati aveva riempito. Ed era facile coltivare i germogli delle primitive domande sulla vita e sulla morte, e accorgersi di come il mondo reale fosse diverso da quello percepito e immaginato da bambini.

Tanto più succedeva in quei giorni, di fronte agli eventi legati al lavoro e alle scoperte che ne conseguivano.

Vita, morte, e potere. Non si è esattamente consci, all'inizio, di dover morire. Si ha di fronte soltanto la vita, come immutabile modo di essere. Proprio come lo spazio pare senza limite, così si percepisce se stessi. E mentre si cresce, mentre lo spazio si dimensiona attorno, come tappe di un'analoga procedura si apprendono gli indizi del proprio stato mortale. Sì, ma quanta fatica, e quante resistenze per vedere i propri limiti, ammettere che esistono, che non sono immaginazione, e conviverci.

Vita, morte e potere. Man mano che procedeva, l'indagine sulla P2 portava alla luce l'amore per il potere diretto e assoluto, non mediato da giustificazioni, non circondato e nascosto da pretese ragioni ideologiche, da false disponibilità verso gli altri, da scuse di qualsiasi genere. La segretezza della loggia, la clandestinità della partecipazione erano il velo che consentiva di mistificare, di esporre i pretesti, le ragioni ideologiche, le false disponibilità. Sollevato il velo, queste sono rimaste attaccate, e di fronte ci siamo trovati il solo, diretto rapporto con il potere fine a se stesso.

In precedenza non mi ero mai imbattuto in rapporti così diretti con il potere. Nonostante i sospetti, le intuizioni, le certezze logiche acquisite negli anni osservando cose e persone, non mi ero mai trovato così direttamente di fronte a quel che sta dietro alla mistificazione.

E man mano che si scopriva, crescevano gli interrogativi: come si può anteporre il potere a tutto, come si può accettare di prevaricare, ingannare, imbrogliare, presentarsi con un volto diverso dal proprio, pur di occupare posti di comando, circondarsi di segni ed effigi che dimostrino agli altri proprio di avere potere? E questo amore sfrenato per il denaro, la ricchezza sfacciata e la sua ostentazione? Questo volerne sempre di più, al di là, molto al di là delle possibilità di goderlo? L'accumulo fine a se stesso, senza pudore, perché? Non c'era tempo, allora, e non c'erano forse gli strumenti necessari per trovare risposte a quelle domande.

Per cercare di capire, per spiegare il motivo di atteggiamenti, modi di vivere, convinzioni così diverse dalle mie non sarebbe bastato indagare sulla P2, non sarebbero bastate altre esperienze simili, e soltanto dopo Tangentopoli, le morti per mafia di tanti colleghi, le scoperte di intrighi ulteriori si sarebbe affacciata una possibile spiegazione.

11.

I rapporti tra la magistratura e gli altri poteri dello stato sono spesso difficili. La magistratura, la magistratura indipendente, è un potere molto giovane. Le moderne democrazie, lo stato di diritto, sono basate su un principio semplice ma fondamentale. Come tutti sanno, per evitare che il cittadino sia alla mercé del potere, e quindi di chi lo detiene, si è pensato di frazionare quest'ultimo tra più ordini, dei quali uno sia delegato a emanare le leggi, un altro ad applicarle, un terzo a controllare che l'applicazione sia coerente con la lettera e lo spirito della legge. Ciò ha costituito una novità sconvolgente rispetto all'organizzazione statuale precedente.

Nello stato assoluto i poteri si confondevano, e il sovrano indifferentemente emanava le leggi, le applicava e rendeva giustizia, controllava, cioè, se lui stesso, e gli altri membri della collettività, avevano applicato bene le leggi. Proprio il fatto che il controllo fosse esercitato da chi, per primo, doveva essere controllato, rendeva il potere assoluto, e i membri della comunità sudditi, soggetti senza difese al potere, piuttosto che cittadini. La strada verso la divisione del potere è stata lunga e tragica. Il principio è stato enunciato da Charles de Secondat, barone di La Brède e di Montesquieu (per i posteri, soltanto Montesquieu) nel 1748. È stato necessario che si affermassero le idee dell'Illuminismo, che scorresse il sangue della Rivoluzione francese, che l'Europa crescesse perché, alternato agli anni bui degli autoritarismi ricorrenti ora in questo ora in quel paese, il principio divenisse uno dei capisaldi delle costituzioni moderne.

Tra i nuovi poteri divisi quello che eredita il ricordo dello stato assoluto è l'esecutivo, il governo. È l'organo attivo, quello che opera. Gli altri, il parlamento e la magistratura, gli offrono possibilità e gli pongono limiti. Memore dell'assoluto, il governo, anche in situazioni normali, tende a espandersi.

Sopporta controvoglia i limiti impostigli dagli altri poteri. Vorrebbe, come accadeva in passato, crearsele lui le regole, le leggi attraverso le quali operare. Vorrebbe che nessuno controllasse – dopo, a cose fatte – se ha rispettato o meno le leggi. In un sistema come quello italiano il governo ha strumenti che, se usati scorrettamente, gli consentono di barare nei confronti del parlamento. In casi di necessità e urgenza può emettere decreti legge, creare regole nuove, che eventualmente decadono se il parlamento non le approva entro sessanta giorni. Ma intanto sono leggi, valgono quanto le norme emesse dal parlamento, anche se necessità e urgenza non esistono.

È più difficile barare con la magistratura, e quindi sono le funzioni svolte della magistratura quelle che l'esecutivo sopporta di meno. Se questo è l'atteggiamento del potere regolamentato, si può immaginare quale sia l'astio, l'insofferenza del potere selvaggio, occulto o palese, nei confronti del controllo della magistratura. E quali e quante strade si tentino per bloccare le indagini, quando si paventa che queste possano rivelarne le complicità, le trame sotterranee, le illegalità.

Ora, bisogna essere franchi. Non è che il controllo della magistratura sull'applicazione delle regole da parte del potere, dell'esecutivo o del governo o *tout court* dei potenti, sia esercitato in ogni caso. Quel lungo cammino che la magistratura italiana sta compiendo verso la consapevolezza della propria indipendenza è ben lontano dall'esser compiuto, e ancor di più lo era una quindicina d'anni fa.

La consonanza tra la cultura del magistrato e quella di chi esercita il potere, che corrisponde al non accorgersi della propria indipendenza, ha indotto tante volte a evitare, anche inconsapevolmente, di approfondire le indagini sulle illegalità dei potenti. Qualche volta l'affinità culturale, il sentire allo stesso modo si limitano a qualche capo dell'ufficio. In questi casi non è strettamente necessario trovare anche tra i magistrati a lui sottoposti altri che siano sulla stessa lunghezza d'onda, o siano molto sensibili ai suggerimenti, alle pressioni, alle intimidazioni. La via, in questi casi, può anche essere quella di affidare le indagini a un magistrato particolarmente oberato (il troppo lavoro non consente di fare tutto), o non particolarmente zelante, anzi pigro, oppure – ci sono anche quelli – incapace.

Quando così non è stato, quando è stato sempre meno così, il potere si è difeso altrimenti. Non credo esista processo per strage, in Italia, che non abbia subito depistaggi a opera di servizi segreti. Spesso, finché riesce a risalire nel tempo, la memoria individua gli autori di queste manovre in iscritti alla loggia P2; ma non è questo il punto. Il punto è che si tratta di un sistema utilizzato frequentemente dal potere per impedire la conoscenza, la scoperta della verità: il depistaggio, che consiste nel modificare la realtà in modo che il giudice non possa identificarla, come hanno fatto Musumeci e Belmonte per la strage di Bologna e gli uomini di Palumbo per Peteano, ovvero nel far sparire le prove o nascondere i testimoni, come hanno fatto Maletti e Labruna per piazza Fontana.

Un altro metodo, più tranciante e immediato, se si vuole rozzo ma almeno apparentemente efficace (in realtà sui tempi lunghi controproducente, ma tant'è, i rozzi non si pongono problemi di lungo periodo), consiste nell'eliminare fisicamente il giudice investigatore. E così Guido Galli ucciso dai terroristi rossi, Amato e Occorsio dai neri, e l'incredibile sequenza della mafia, culminata e al momento conclusasi con le stragi per uccidere Giovanni Falcone e Paolo Borsellino. Se non si riesce, o non si vuole ricorrere a questi sistemi, le ultime alternative sono di sottrarre il magistrato alle indagini o le indagini al magistrato.

12.

Mentre conducevamo le indagini sulla P2, il pubblico ministero era, come adesso, il pressoché esclusivo titolare dell'esercizio dell'azione penale. E quando la titolarità dell'inchiesta passava al giudice istruttore, ora abolito, quando cioè, secondo il linguaggio tecnico, l'indagine veniva "formalizzata", l'organo d'impulso era comunque il pubblico ministero.

Questo comportava, per il giudice istruttore che conduceva indagini dalle quali emergessero reati ulteriori, due possibilità. Se si trattava di fatti "connessi" a quelli per i quali già procedeva, doveva limitarsi a chiedere al pubblico ministero di esercitare il proprio potere d'iniziativa: ove questi non avesse provveduto si sarebbe potuto sostituire, ovvero avrebbe potuto disattendere le sue richieste ed emettere i provvedimenti che ritenesse opportuni "in contrario avviso", o "sul parere contrario" del pubblico ministero.

Se invece si trattava di fatti completamente nuovi, estranei alle persone e ai temi per i quali già procedeva, la via da percorrere era una sola: separare i fatti nuovi creando un nuovo, apposito fascicolo, e trasmettere il medesimo al pubblico ministero perché esercitasse, nelle forme che riteneva opportune (e cioè, tra l'altro, procedendo anche direttamente, senza coinvolgere il giudice), l'azione penale. Ovviamente, se i fatti nuovi erano "connessi" ad altri fatti per i quali pendeva un ulteriore, diverso procedimento, il relativo fascicolo era destinato a essere unito a quello già esistente e riguardante le scoperte "più vecchie".

Esaminata la documentazione contenuta nelle buste sigillate da Gelli, e ritenuto che molte di queste contenessero notizie autonome di reato, dovemmo pertanto procedere alla formazione di una serie di nuovi fascicoli, e alla trasmissione dei medesimi al pubblico ministero competente, rappresentato quasi sempre dal procuratore di Milano. Era implicito che, effettuati i primi controlli e le prime investigazioni, i relativi procedimenti, per la complessità delle indagini, sarebbero stati a loro volta formalizzati e, secondo la prassi costante, assegnati per gli sviluppi allo stesso o agli stessi giudici istruttori dalle cui attività erano nati. La previsione attendibile era dunque che di ciò che si trasmetteva alla procura di Milano saremmo tornati a occuparci, in brevissimo tempo, di nuovo noi.

Non era ancora terminato il mese di marzo quando iniziammo a creare i nuovi fascicoli, circa una quindicina in tutto, e a trasmetterli agli uffici competenti.

Uno di questi, se non ricordo male proprio il primo, lo trasmettemmo alla procura generale che, trattenuto quanto di sua competenza, subito ne girò una parte alla procura presso il tribunale di Brescia. Era, quest'ultima parte, quella che conteneva le carte che insinuavano interessamenti non proprio istituzionali del procuratore di Milano, Gresti, e di suoi sostituti nelle vicende processuali di Roberto Calvi, e a Brescia doveva andare in ottemperanza alla regola secondo la quale un ufficio giudiziario è di diritto sospettato di parzialità quando si tratta di giudicare su suoi appartenenti, sicché delle relative indagini, e dell'eventuale susseguente giudizio, deve occuparsi altra sede (per i magistrati di Milano, appunto, Brescia).

Le carte che la procura generale di Milano trattenne riguardavano ancora Calvi e andarono a finire a Gerardo D'Ambrosio, allora sostituto in quell'ufficio. A lui infatti era stata assegnata l'indagine riguardante l'illecita costituzione di capitali all'estero, l'oggetto degli interventi di Gresti e degli altri, insinuati dalle carte di Gelli.

Il procuratore generale in carica, Carlo Marini, un signore di elevata sensibilità, aveva infatti deciso di avocare quell'indagine al suo ufficio, togliendola quindi a quello di Gresti, per evitare dubbi sulla correttezza della sua conduzione. L'aveva assegnata a D'Ambrosio, senza curarsi minimamente dei "suggerimenti" pervenutigli dal vicepresidente del

Consiglio superiore della magistratura, quell'Ugo Zilletti costretto poi a dimettersi proprio per via delle carte trovate a Gelli, il quale per nulla gradiva che Gerardo conducesse l'inchiesta.

Servirono molto, quelle nuove carte, a D'Ambrosio. Servirono a ottenere una pesante condanna di Calvi, e a provocare le reazioni scomposte, anche gli insulti, di Craxi, già allora avvezzo a non sopportare che si incriminassero i suoi pari, i potenti, e comunque che la magistratura si occupasse dei fatti di questi signori.

Ciascuno degli altri fascicoli costituiva la traduzione in ipotesi di reato delle ulteriori notizie contenute nelle buste di Gelli: contratto ENI-PETROMIN; accordo finanziamento Flaminio Piccoli-Rizzoli; onorevole Claudio Martelli; Gelli Licio, fascicolo personale, riservato; riservata-rubrica contributi; Gelli Licio, telex segreto dell'ambasciata argentina alla cancelleria, e via dicendo.

Prima ancora che il presidente del consiglio dei ministri ne pubblichi gli elenchi, anche la procura della repubblica presso il tribunale di Roma comincia a interessarsi alla loggia P2. Il capo, Achille Gallucci, affida al sostituto Domenico Sica l'inchiesta, che parte con la notifica di un pacco di avvisi di reato (*alias* comunicazioni giudiziarie, ora informazioni di garanzia) nei confronti di persone risultanti dalle carte sequestrate a Licio Gelli, per il reato di associazione a delinquere. Persone che noi avremmo potuto convocare come testimoni (come avevamo già fatto per molti di coloro che risultavano iscritti e nei confronti dei quali non si riscontravano indizi di commissione di reati specifici) e che dal momento della spedizione dell'avviso assumono la veste di "imputati in reato connesso", che è più scomoda, ma esonera dall'obbligo di dire la verità.

L'11 maggio 1981 arriva a Milano Luciano Infelisi, anche lui sostituto a Roma, "inviato speciale" di Achille Gallucci, per un incontro in procura. Ha colloqui con Mauro Gresti – che sorvola sui "motivi di opportunità" che fino a quel momento lo avevano consigliato di disinteressarsi della materia – e con i suoi sostituti che si occupano di P2. Visiona carte e acquisisce documenti, presentando la propria visita come se fosse inserita in un contesto di collaborazione tra gli uffici giudiziari delle due città in atto da tempo, atteggiamento in contraddizione con un contestuale comunicato del nostro dirigente, il capo dell'ufficio istruzione, Antonio Amati, un altro di quei rari "anomali" che non si curavano di mantenere rapporti con il potere:

> ...le attività giudiziarie effettuate recentemente dalla Procura della Repubblica di Roma nei confronti di alcuni appartenenti alla loggia P2, non sono state affatto coordinate o concordate preventivamente con i giudici istruttori milanesi che, da tempo... procedono nei confronti di Licio Gelli...

Da quel momento è un'*escalation*. Verso metà giugno vengono a trovarci all'ufficio istruzione, dopo avere avuto contatti con la procura, Achille Gallucci e Domenico Sica. Siamo nell'ufficio di Giuliano Turone; Sica non parla mai, mentre Gallucci assume un atteggiamento estremamente conciliante: il senso di quello che dice è che ciascuno continui le indagini che sta conducendo, senza alcuna interferenza. Invece, tre o quattro giorni dopo arrivano a "ordinare" alla procura milanese (e a quella bresciana, per gli atti che le erano stati inviati nel marzo) di trasmettere a Roma i procedimenti sulla loggia P2.

Non lo possono fare, e la loro iniziativa, oltre a rimanere lettera morta e suscitare le reazioni indignate dei magistrati milanesi (Gresti frattanto è rientrato nell'ombra), diventerà un esempio della categoria dei provvedimenti abnormi nel trattato di procedura penale di uno dei maggiori studiosi italiani, Franco Cordero.

Ma la procura di Roma va avanti e, dopo aver lanciato avvertimenti che vengono ben compresi dalla stampa, solleva conflitto:

> Gallucci ha ricordato soltanto che in caso di conflitti di competenza l'ultima decisione spetta alla suprema corte di cassazione. Purtroppo l'esperienza fatta in passato, in particolare per alcune inchieste scottanti... lascia presagire che quando vengono sollevati conflitti di competenza c'è qualcosa che cova sotto il fuoco. Il più delle volte i conflitti preannunciano affossamenti e depistaggi. Sarà così anche per la P2?

Così scrive Franco Scottoni su "la Repubblica" del 25 giugno 1981.

Milano riconosce la competenza dei colleghi romani per alcuni filoni circoscritti, e trasmette i relativi procedimenti. Ma il conflitto va avanti.

Il 2 settembre la sezione feriale della Cassazione, disattendendo le conclusioni del procuratore generale, secondo il quale le indagini dovevano rimanere a Milano e a Brescia, sposta a Roma tutto quel che riguarda la P2. La Cassazione, nell'occasione, è presieduta da un magistrato, Giovanni Cusani, che non è un esempio di "terzietà", e cioè di disinteresse verso l'oggetto della causa che gli è sottoposta e di equidistanza rispetto alle parti. Fonde nella propria persona le qualità di giudice e di difensore, determinando nella prima veste quale ufficio debba occuparsi di giudicare dei reati legati alla P2, e assistendo nella seconda un collega iscritto alla loggia, e per tale motivo sottoposto a procedimento disciplinare dal Consiglio superiore della magistratura.

La decisione suscita grandi perplessità, il "Corriere della Sera" fa rilevare che

> "per la terza volta nelle ultime quattro estati la sezione feriale della Cassazione si è pronunciata su importanti inchieste giungendo a conclusioni diverse da quelle sostenute dalla Procura generale che si era opposta...a trasferimenti nella capitale dalle Procure titolari delle indagini. È accaduto nel '78 per Gaetano Caltagirone, lo scorso anno per la revoca dei mandati di cattura sullo scandalo dei "fondi bianchi" dell'Italcasse, e ieri per la P2. L'osservazione, puramente statistica, può avere tuttavia un significato perché è assai raro che la Suprema Corte decida in contrasto con il parere della Procura generale.

Ma tant'è.

Domenico Sica è soddisfatto: "Avremo ora una visione organica della vicenda e potremo approfondirne compiutamente i diversi rami".

Si comincerà a vedere subito l'"approfondimento", anche se, purtroppo, andrà avanti per anni.

"Ma voi, mi potete spiegare cosa sta succedendo a Roma? Abbiamo lì pronte le carte del conto Protezione, gli abbiamo fatto sapere che possono venirsele a prendere, che possiamo mandargliele, ma loro ci dicono di aspettare, sembra quasi che non vogliano averle."

Il dottor Giovanni Battista Luisoni, giudice istruttore a Lugano, stava pranzando con Giuliano e me in un ristorante milanese, dove lo ospitavamo personalmente (il Ministero di grazia e giustizia non prevede capitoli di spesa per rappresentanza e ospitalità) tutte le volte in cui veniva a trovarci per concordare esami testimoniali o interrogatori da effettuarsi nel Canton Ticino, per chiederci spiegazioni su nostre richieste di assistenza giudiziaria, per portarci la documentazione che riuscivamo a ottenere a seguito di rogatoria.

Molto schivo e riservato, quasi timoroso delle intromissioni nel mondo del potere che forzatamente implicava il suo lavoro, ma al tempo stesso fermo e determinato, Luisoni era stupito del comportamento dei colleghi romani. I pochi foglietti sui quali comparivano i nomi di Craxi e Martelli, nonché il numero e la denominazione del conto, le poche carte trovate a Castiglion Fibocchi avevano provocato una richiesta di assistenza giudiziaria alla Svizzera. I colleghi della procura di Milano che si interessavano dei vari fascicoli nati dalla perquisizione avevano chiesto ai magistrati ticinesi di ottenere la documentazione del conto.

Contrariamente al solito, la risposta non si era fatta attendere troppo. Nel giro di pochi mesi gli svizzeri avevano maturato la convinzione che i documenti si potevano trasmettere.

Più rapida era stata però la Cassazione, che aveva disposto la trasmissione degli atti ai giudici romani prima ancora che arrivasse la risposta elvetica.

Mentre pranziamo con Luisoni, il processo è già a Roma, si crea una situazione d'*impasse*, ma viene presto risolta. Claudio Martelli rifiuta, sdegnato, qualsiasi apparentamento col conto, e si fa rilasciare una dichiarazione, dalla banca svizzera presso la quale lo stesso è stato acceso, poi confermata davanti al giudice elvetico. Secondo la banca questo non è intestato a Martelli. Il procuratore di Roma in persona, Achille Gallucci, si accontenta, e senza vedere i documenti bancari chiede l'archiviazione della posizione di Claudio Martelli per la notizia relativa al conto Protezione, e il consigliere istruttore di Roma in persona, Ernesto Cudillo, subito archivia.

Contemporaneamente Gallucci chiede, e Cudillo dispone, che sorti analoghe subiscano altre notizie di reato, quelle che riguardano più da vicino gli ambienti politici. La motivazione? Che importa, basta fraintendere il significato delle carte processuali.

Ecco il primo degli approfondimenti dei rami preannunciati da Sica.

Quando Mani Pulite ancora aveva a oggetto le indagini sulla Metropolitana Milanese, torna in Italia, dopo breve irreperibilità, Silvano Larini. Ammette la sua partecipazione ai fatti che gli vengono contestati (storie di ordinarie tangenti a favore di politici pagate sui lavori civili, sull'impiantistica, su tutto quanto si poteva pagare) e aggiunge – nemmeno richiesto – la spiegazione del conto Protezione. Il conto, in effetti, non era di Claudio Martelli, era della banca, e serviva a proteggere la riservatezza degli accrediti destinati a un altro conto, ancora non di Martelli, ma di Silvano Larini. Un giorno del 1980 si trovano a passeggiare a Milano, insieme, Craxi, Martelli e Larini. Craxi confida che c'è bisogno di un conto in Svizzera per depositarvi finanziamenti occulti destinati al comune partito di appartenenza, finanziamenti che sta trattando Martelli, e chiede a Larini se ne ha uno da mettergli a disposizione. Larini risponde di sì, che il conto ce l'ha; ne legge il numero dall'agenda, e Martelli diligentemente annota. Il conto, precisa Larini, sarà utilizzato davvero, vi arriveranno, nei mesi immediatamente successivi, sette milioni di dollari.

Dopo le dichiarazioni di Silvano Larini, Craxi e Martelli saranno portati a giudizio a Milano e condannati in primo grado, a fine luglio 1994, rispettivamente a otto anni e mezzo e sette anni di reclusione nel processo per la bancarotta del Banco Ambrosiano, del piduista Calvi, da cui era materialmente uscito il denaro versato sul conto.

Sfrondato di tanti e tanti rami, il troncone dell'inchiesta P2 si sarebbe concluso a Roma oltre dieci anni più tardi dal ritrovamento delle carte a Castiglion Fibocchi. Dopo un altro paio d'anni, la sentenza di primo grado della Corte d'assise di Roma. Condanne severe, severissime, per i tanti reati connessi, tra i quali la calunnia di Gelli a Turone, a Viola e a me, che ci eravamo costituiti parte civile devolvendo il risarcimento alle vittime della strage di Bologna e all'associazione delle nonne dei *desaparecidos* argentini.

Ma la vera natura della loggia P2 si era persa nella potatura dell'albero delle indagini e nell'oblio di cui tutto ricopre il passaggio del tempo. Nonostante l'impegno dedicato alle investigazioni dagli ultimi pubblici ministeri cui il processo era stato assegnato; nonostante le testimonianze, tra le quali le nostre; nonostante le conclusioni del Comitato amministrativo d'inchiesta nominato dal presidente Forlani; nonostante i documenti raccolti, le allegazioni, le valutazioni, i giudizi motivati categorici della Commissione parlamentare e del parlamento; nonostante la legge di scioglimento, la natura della loggia P2 si era persa, trasformata in un lecito comitato d'affari, quasi in un club.

Ripenso spesso al 1981, e sempre più mi convinco che se l'inchiesta fosse rimasta a Milano, avrebbe anticipato di almeno dieci anni l'evoluzione di Mani Pulite. Forse allora il sistema della tangente, della vendita abituale della propria funzione non era così radicato; forse sarebbe stato più facile estirparlo; e meno ambiguità avrebbero potuto intorbidare il risultato delle indagini e le persone che le conducevano.

13.

Le stesse vicende del procedimento sulla P2 avrebbe subito un'altra inchiesta, iniziata subito dopo la conclusione delle indagini sull'omicidio Ambrosoli e gli altri fatti che coinvolgevano Michele Sindona.

Un'altra sezione della Corte di cassazione, presieduta da un presidente diverso, Corrado Carnevale, famoso per altro, aveva deciso di attribuirne la competenza all'ufficio istruzione di Roma proprio al momento in cui sembrava se ne potessero trarre le conclusioni, si potessero collegare le sparse ramificazioni, si potesse confrontare, aggiungere, togliere, cucire per definire le posizioni consolidate e approfondire ulteriormente le altre. Questa volta il conflitto era sorto a seguito della contestazione, da parte della procura di Roma, di un reato di falso che, a indagini concluse, sarebbe stato considerato inesistente da parte del tribunale della stessa città.

Lo sviluppo del procedimento penale era stato rapidissimo, grazie alle grandi capacità investigative dell'allora capitano Luigi Magistro, della Guardia di finanza, con il quale, anni dopo, si sarebbero consolidati rapporti d'amicizia.

Ancora in qualità di giudice istruttore, avevo ricevuto il fascicolo qualche tempo prima, con una richiesta di archiviazione della procura della repubblica. Le indagini sull'omicidio Ambrosoli assorbivano allora tutto il mio tempo, e non avevo potuto far altro che esaminare sommariamente il nuovo caso, ritenere non accoglibile la richiesta, di conseguenza respingerla, e ripromettermi di svolgere i primi accertamenti non appena fossi stato più libero. Il 17 luglio 1984 venne depositata la sentenza-ordinanza che concludeva le indagini su Michele Sindona e dopo qualche giorno predisposi con il capitano la scaletta delle prime cose da fare.

Il tutto nasceva da una denuncia, anonima ma estremamente circostanziata, secondo la quale due società del gruppo IRI, uno dei tre grandi imprenditori pubblici italiani, avrebbero prodotto elevatissimi fondi non contabilizzati, disponibilità sottratte ai rispettivi patrimoni, con un sistema estremamente semplice. Dovendo ricevere somme assai cospicue per prestazioni effettuate a favore di un'altra società dello stesso gruppo, i dirigenti delle due società in questione avrebbero fatto transitare il denaro su conti estranei alle stesse, ve li avrebbero fatti sostare – delle settimane o dei mesi a seconda delle possibilità del momento, dell'entità della cifra, di altre variabili accidentali – e avrebbero distratto gli interessi maturati giorno per giorno prima che i capitali venissero nuovamente trasferiti, come dovuto, ai conti correnti delle società che li dovevano ricevere.

Il sistema non risultava nelle contabilità né della società pagante né di quelle riceventi, e non risultava dalla documentazione bancaria; ovviamente, perché in caso contrario il marchingegno sarebbe stato subito scoperto. Nella denuncia erano precisati numeri di conti correnti utilizzati per le operazioni e una serie non indifferente di dettagli, il che consentiva di svolgere, con semplicità e in modo assolutamente mirato, le indagini necessarie a verificare la veridicità dei fatti. Singolarmente la procura, che allora non era diretta da Francesco Saverio Borrelli ma dal suo predecessore – quel Mauro Gresti che già aveva suggerito di restituire a Gelli le carte della P2 – invece di verificare le movimentazioni bancarie, si accontentò delle indagini effettuate dalla Guardia di finanza sulla documentazione ufficiale delle due società, dalle quali non sarebbe potuto risultare nulla, e nulla, in effetti, risultò.

Il fascicolo, composto dalla denuncia e dal corposo rapporto della Guardia di finanza, fu assegnato a Emilio Alessandrini, ucciso poco tempo dopo. Venne riassegnato allora a un sostituto serio e capace, Luigi de Ruggiero che, evidentemente troppo oberato di lavoro per verificare la congruenza tra le indagini effettuate e il tema dell'investigazione, si fidò delle conclusioni tratte dalla polizia giudiziaria e chiese l'archiviazione. Decisi invece di formalizzare, e cioè disposi che le indagini venissero proseguite dall'ufficio del giudice istruttore, il mio.

I primi accertamenti diedero subito risultati positivi: i conti c'erano, su di essi era passato un numero impressionante di miliardi, e gli interessi, un altro numero impressionante di miliardi, erano stati regolarmente distratti, fin dal tempo cui eravamo riusciti a risalire. Nei secondi anni settanta parte delle disponibilità così costituite era stata spesa; si trovò uno specchietto che insinuava allarmanti legami tra una parte del denaro impiegato e le vicende di Michele Sindona; a gestire nei primi tempi le somme era stato un bancario risultante dagli elenchi della P2, dipendente da una banca il cui vertice annoverava quasi una decina di iscritti alla medesima loggia.

Nella seconda parte degli anni settanta il denaro conservato superava già i cento miliardi; nel giro più o meno di cinque anni, nel 1983, anno in cui venne formalizzato il processo, grazie agli alti tassi d'interesse dell'epoca, i miliardi divennero più di trecento. Per ragioni sconosciute, infatti, il deflusso dei fondi occulti si era improvvisamente fermato ancora alla fine degli anni settanta, non molto tempo dopo l'apertura del procedimento generato dalla denuncia anonima, ed era rimasto bloccato fino al 1983, quando le distrazioni erano riprese, a breve distanza di tempo dalla richiesta di archiviazione e dalla forse conseguente, erronea supposizione che, da quel momento, ciò avrebbe comportato il disinteresse della magistratura per quel denaro.

Già dopo due-tre mesi di indagini il quadro complessivo era ben delineato. Il denaro distratto era stato depositato su libretti, i quali erano stati successivamente estinti e al loro posto acquistati dei BOT, a loro volta venduti per accendere nuovi libretti, presso una nuova banca; questi ulteriori libretti erano stati infine anch'essi chiusi per acquistare CCT. Le distrazioni erano state effettuate nella maggioranza dei casi attraverso la consegna materiale dei titoli di stato, prima BOT e poi CCT; più raramente, ma comunque per importi cospicui, trasformando i titoli in denaro contante e consegnando poi quello, mediante un procedimento che faceva sospettare il coinvolgimento di mercati esteri.

Avevamo potuto accertare che titoli e denaro avevano avuto la destinazione più varia: somme non ingenti, dell'ordine di una cinquantina di milioni per volta, erano state consegnate ad alcuni esponenti politici, in genere non di primo piano; somme più consistenti a un faccendiere, Ferdinando Mach di Palmstein, che sarebbe stato coinvolto anche da Mani Pulite (come tante altre persone che avevano ricevuto o manipolato i titoli di stato): legato a un partito di primo piano, questi aveva destinato parte del denaro ricevuto al giornale del partito medesimo; oltre un miliardo e mezzo, inoltre, era andato a un quotidiano romano tramite il suo direttore, Gianni Letta, che anni dopo avrebbe ricoperto importanti cariche governative.

E ancora una parte del denaro indebitamente distratto era stata destinata a una piccola emittente televisiva; svariati miliardi erano stati utilizzati per finanziare esponenti di una organizzazione religiosa, l'Opus Dei; altri per acquistare immobili; altri per regolare occultamente rapporti con *partner* in costruzioni di opere pubbliche. Svariati miliardi in contanti, alcuni dei quali gestiti da un dirigente di un'altra società del gruppo, Ernesto Postiglione, che lavorava nel napoletano e che si sarebbe misteriosamente suicidato, sparirono; altri ancora furono impiegati per "regali" (succedeva per esempio che i figli del presidente della società capogruppo, Giuseppe Petrilli, si vedessero consegnare dal padre, nel giorno del compleanno, uno o più CCT in tagli da svariati milioni) e in altre facezie.

L'enormità dell'importo distratto, che probabilmente non aveva precedenti paragonabili nella storia della repubblica, non sollecitò particolari interessi nella stampa, nell'opinione pubblica e nelle istituzioni. Pochi articoli di quotidiani e periodici, pochissime volte con l'onore della prima pagina; alcune interrogazioni parlamentari; la proposta, buttata lì a più riprese ma mai attuata, di costituire una Commissione parlamentare d'inchiesta, e null'altro.

Forse anche per questo, forse perché era molto chiaro da che parte stava il potere, la resistenza alle indagini era stata pertinace: imputati che inventavano le storie più inverosimili, negando l'evidenza delle carte che venivano loro contestate; dirigenti di primo livello che si trasformavano in latitanti; testimoni, i più informati, che si rendevano irreperibili (ne ricordo uno, rimasto all'estero per mesi e rientrato in Italia solo dopo che materialmente gli atti erano stati trasmessi alla magistratura di Roma); ovvero che presentavano carte falsificate, documenti creati dal nulla all'ultimo momento per cercare di evitare che i fatti venissero ricostruiti nella loro esattezza.

Nonostante la congerie di comportamenti ostruzionistici, si era potuto procedere alla ricostruzione dei movimenti bancari, delle intermediazioni finanziarie e delle cessioni dei titoli grazie alla documentazione conservata dalle banche, dalle fiduciarie e dalle finanziarie, e alle rare disponibilità che la documentazione acquisita provocava in qualche testimone, più che negli imputati; e si era altresì potuto accertare l'identità di coloro che titoli e denaro avevano materialmente distratto e di coloro che avevano dato le relative disposizioni.

L'estrema rapidità, oltre al fatto che le indagini erano state iniziate e per buona parte condotte nel periodo estivo, doveva avere spiazzato l'ambiente nel quale erano maturati ed erano stati commessi i reati. Per almeno un paio di mesi il lavoro era potuto procedere con estrema tranquillità, senza intoppi o difficoltà che non fossero quelle dell'atteggiamento riottoso di molti coinvolti. Si era dato un nome a chi aveva costituito i fondi occulti e a tutti coloro che si erano intromessi nella loro iniziale gestione; alcuni di questi erano stati arrestati.

Erano stati materialmente recuperati miliardi di CCT, custoditi in cassette di sicurezza di vari istituti di credito. Con il tempo ci saremmo abituati agli importi, ma la prima scoperta ci lasciò stupefatti.

De Ruggiero, Magistro e io ci rechiamo insieme presso una banca, nel cuore di Milano, a verificare il contenuto di una cassetta di sicurezza. La facciamo aprire, e vi troviamo un pacco di titoli di stato. Cominciamo a scorrerli, e notiamo il taglio: ci sono anche CCT da un miliardo di lire. Non ci eravamo mai imbattuti in importi così ingenti incorporati in un solo documento. Facciamo la somma, e non crediamo che il risultato sia giusto, ci pare eccessivo. Ricontiamo, constatiamo l'esattezza del calcolo, ci stupiamo ancora di più. Sequestriamo il tutto, e quando arriviamo in ufficio ci si pone il problema di come conservare tali valori, problema che riusciamo a risolvere con non poche difficoltà.

Si erano individuati molti dei più recenti manipolatori dei titoli, e di coloro che ancora ne conservavano tanti. Costoro, pur senza fornire spiegazioni attendibili dei fatti, avevano tuttavia deciso di consegnare spontaneamente i valori che avevamo individuato e che ancora detenevano. Magari con qualche dimenticanza, per esempio "scordando" di aver incassato cedole per centinaia di milioni, che trattenevano fino al momento in cui, fatti noi i conti e comunicatone il risultato, ricordavano di aver messo da qualche parte pacchetti di contante che, infine, ci facevano avere.

Complessivamente recuperammo, finché il processo rimase a Milano, una somma di oltre centoquaranta miliardi, facendo la felicità del nuovo presidente dell'IRI, Romano Prodi ("Con questo denaro sano in un colpo il deficit dell'Alfa Romeo," aveva commentato), al quale tuttavia il consiglio d'amministrazione avrebbe creato numerose e inspiegabili difficoltà, quando si trattò di riprendere materialmente il denaro.

Nei primi mesi d'indagine lavoravamo in pochi: Luigi de Ruggiero, che era il pubblico ministero, partecipava a interrogatori ed esami testimoniali e presentava con estrema puntualità le sue richieste istruttorie (secondo il rito di allora il pubblico ministero svolgeva funzioni d'impulso, individuava i temi d'indagine e richiedeva l'emissione di provvedimenti al giudice istruttore, libero questi di disattenderle); Luigi Magistro eseguiva materialmente gli accertamenti presso banche e società con altrettanta tempestività e precisione, coadiuvato da una squadra di sottufficiali, alcuni dei quali in seguito, incredibilmente per noi, sarebbero stati coinvolti dalle indagini su Mani Pulite; c'ero poi io e nessun altro.

Finito il periodo feriale, quel periodo estivo in cui i tribunali paiono fermarsi per consentire a magistrati e avvocati di trascorrere le vacanze, in autunno si era cominciato a percepire che dell'inchiesta qualcuno si era accorto. Più o meno contestualmente all'individuazione di coloro che avevano gestito i fondi neri dal momento in cui era ripresa la loro utilizzazione, erano arrivati i primi segnali: la procura della repubblica di Roma aveva aperto o stava per aprire un fascicolo sugli stessi fatti.

Noi, intanto, andavamo avanti. Dagli ultimi accertamenti era emerso che un gran numero di CCT era stato speso da, o su disposizione di Ettore Bernabei, amministratore di una società di livello intermedio dell'IRI, Italstat, che controllava le due società che avevano prodotto i fondi. Bernabei era una persona molto importante, era stato direttore generale – molti dicevano *dominus* – della RAI, la televisione di stato. Per inciso, una sua figlia aveva sposato il figlio di un esponente democristiano di primissimo piano, Amintore Fanfani, che allora sembrava essere in corsa per il Quirinale, e cioè la presidenza della repubblica. I fatti erano estremamente recenti, continuativi, riguardavano decine e decine di miliardi. Proprio in relazione alla destinazione che ai fondi era stata data dall'amministratore di Italstat avevano incominciato a intorbidarsi le acque, con il tentativo di un teste (che sarà incriminato) di inquinare le prove mediante l'esibizione di documenti falsi.

In quei giorni era arrivato da Roma un collega, Giacomo Paoloni, sostituto presso la procura di quella città. Aveva una delega del suo capo per esaminare i nostri atti, in vista della proposizione di un eventuale conflitto di competenza con gli uffici giudiziari di Milano. Paoloni lo conoscevamo, aveva prestato servizio qualche anno a Milano, era un collega scrupoloso.

Aveva esaminato gli atti, avevamo parlato. Convinto che non vi fosse materia per sollevare un conflitto, era tornato a Roma chiedendo al capo del suo ufficio di non occuparsi più della vicenda, trattandosi di fatti per i quali la competenza territoriale apparteneva palesemente a Milano. Nei giorni seguenti apprendemmo che anche altri due colleghi, sostituti del procuratore di Roma, avevano ugualmente rifiutato di occuparsi del caso.

Noi nel frattempo andavamo avanti, e il quadro accusatorio nei confronti di Bernabei, ultimo gestore dei fondi, era diventato sempre più solido.

Luigi de Ruggiero ritiene di chiederne la cattura. Ne parla al suo capo, Mauro Gresti. Ne parla per giorni, perché Gresti è contrario, vuole che si proceda "con mandato di comparizione" e cioè a piede libero. Luigi è convinto delle sue opinioni, redige la richiesta di mandato di cattura e la presenta a Gresti. Gresti non la condivide e, personalmente, mi chiede di procedere invece con mandato di comparizione.

Luigi, in disaccordo col capo, restituisce la delega a occuparsi dell'indagine, mentre io – sentendomi solo forse come in nessun'altra occasione – emetto ugualmente mandato di cattura.

Il processo continua a ingrandirsi, e inesorabilmente scivola verso Roma. Che ci andrà lo so settimane prima della decisione. In un convegno, un congresso, incontro il collega Franco Siena. Franco, di una umanità ineguagliabile, lo conosco molto bene. È stato uno di quelli che mi ha insegnato il lavoro quando, prima ancora di diventare magistrato, frequentavo già le aule del palazzo. Si è trasferito a Roma da poco, è in Cassazione, dopo essere stato decenni a Milano.

"Gherardo, mi è successa una cosa incredibile."

"Che cosa?"

"Te lo dico per amicizia, ma ti prego di non parlarne a nessuno."

"Va bene."

"L'altro giorno mi avvicina il presidente della Corte di cassazione, il primo presidente, Mirabelli, e mi fa: 'Tu che vieni da Milano, lo conosci questo Colombo?', gli ho risposto di sì, e lui non mi ha dato la possibilità di aggiungere altro. 'Ma cos'è, un pazzo, uno sconsiderato, che cosa si crede di fare con la sua indagine? Vuole scegliere lui i candidati per il Quirinale?' Sono rimasto allibito. Ti garantisco, era alterato."

Capisco che il processo non sarebbe rimasto a Milano. E infatti la procura di Roma insiste sulla sua strada, affiancata dalla procura generale presso la Corte d'appello della stessa sede che – secondo il codice processuale del tempo, potendo scegliere tra l'avocare, e cioè sostituirsi alla procura nelle indagini e nelle iniziative, e il non intromettersi – adotta una soluzione singolare: si sovrappone, elaborando autonomamente dei provvedimenti che giustificheranno poi l'intervento della Cassazione.

Passo gli ultimi giorni a lavorare freneticamente insieme a Laura Laera, anche lei giudice istruttore, che ho chiesto mi venisse affiancata per cercare di mantenere, nonostante la mole accresciuta del fascicolo processuale, la stessa tempestività d'intervento. Lavoriamo intensamente perché riteniamo che più completa sarà l'indagine al momento in cui approderà a Roma, più sarà facile portarla sino in fondo.

Sentiamo nuovi testi, acquisiamo nuovi documenti, incriminiamo nuove persone, con Magistro a lavorare ancor più di noi e con la procura, invece, praticamente assente.

Ci rechiamo a Roma, per interrogare Ettore Bernabei, che nel frattempo è stato ricoverato in ospedale. Gentilmente ci dice che non intende al momento rispondere: ci sono due autorità giudiziarie che si stanno occupando del caso, quella milanese e quella romana, renderà l'interrogatorio soltanto dopo la decisione della Cassazione, quando si troverà di fronte all'unico giudice competente. Non avremo mai la possibilità di sentirlo.

Finalmente la Cassazione decide, come previsto: la competenza è romana. Lo apprendo dai giornali. Credo importante trasmettere le carte il più rapidamente possibile, perché non ci sia interruzione, non ci sia stacco, tra le indagini fatte a Milano e quelle future dei colleghi romani. Si tratta di fascicolare, numerare, redigere l'indice per decine di migliaia di pagine.

Nel mio ufficio lavoravano allora due sottufficiali della Guardia di finanza: il primo era stato con me in tutte le indagini riguardanti Sindona, ed era sul punto di essere trasferito a una sede diversa. L'altro era un giovane, appena arrivato a Milano, che gli sarebbe subentrato e stava imparando il mestiere. È ancora con me, Massimo Barcelli, e ormai saprebbe svolgere l'attività di pubblico ministero allo stesso livello, con le stesse capacità di tanti colleghi; e invece rimarrà sempre tra gli ultimi nelle promozioni all'interno del Corpo al quale appartiene. Lavorare in procura vuol dire essere praticamente estraneo alle sue gerarchie.

I due lavorano di giorno e di notte a numerare le pagine, raccoglierle in fascicoletti a seconda del tema, unire i fascicoletti con altri, creare volumi legati dalla logica del contenuto delle carte che vi sono raccolte. Nel giro di qualche giorno sono pronti, l'inchiesta può essere trasferita.

Quando trasmettiamo gli atti a Roma, interessiamo il procuratore della repubblica di Milano perché instauri, se crede, un procedimento civile nei confronti di una delle due società creatrici di fondi, quella con sede a Milano, per l'eventuale revoca degli amministratori (uno dei quali, per inciso, era latitante). La segnalazione resta lettera morta.

Non seguirò, nemmeno attraverso la stampa, le vicende dell'inchiesta romana. Per me è un'esperienza chiusa.

Sapevo che i colleghi lavoravano; qualche volta mi avevano contattato per avvalersi dei miei ricordi sulla collocazione degli atti, sul contenuto di qualcuno di essi, più difficile da reperire. Ci eravamo visti in qualche occasione, nelle quali oggetto di conversazione erano soprattutto le richieste di delucidazioni; rari gli aggiornamenti sulle loro scoperte, sull'evolversi della situazione.

Chi ogni tanto accennava a qualcosa era invece Magistro, che continuava le indagini per conto dei magistrati romani.

"Dottore, si ricorda di Tizio, che lei ha cercato di sentire per mesi? È rientrato in Italia, si è presentato l'altro giorno ai suoi colleghi di Roma."

"Sono state scoperte altre destinazioni dei fondi. Un pacco di miliardi è stato usato per costruire una chiesa."

"Guardi, sotto il profilo del recupero del denaro si va a gonfie vele, si continua a trovarne."

Passava il tempo. Una mattina mi trovavo nei pressi di Roma, a un convegno del Consiglio superiore della magistratura, dove dovevo tenere una relazione sulle indagini patrimoniali e bancarie, e poco prima dell'inizio dei lavori apprendevo dai giornali la conclusione dell'istruttoria sui fondi neri dell'IRI.

Ero rimasto incredulo e stupito. Ma come? Come era possibile che gli imputati principali fossero stati prosciolti? Come era possibile che Tizio non fosse stato rinviato a giudizio per il reato di falso in bilancio? Non avevo seguito le indagini romane, ma ricordavo tutto ciò che era emerso a Milano...

Ero pieno di rabbia, dominato dall'impulso, che solo a fatica avevo vinto, di salire sul palco dove avrei dovuto tenere la relazione, e annunciare le mie dimissioni, dicendo pubblicamente ai colleghi che mi stavano a sentire che non valeva la pena.

La prima tentazione è proprio quella di andarsene. Poi prevale la consapevolezza che si tratterebbe di un gesto clamoroso ma inutile, una scena che ha poco a che fare con quello che sono. E allora mi tengo la delusione, la relego in un angolo sperduto della mente, dove possa dare il minor fastidio possibile, permettendomi però nello stesso tempo di ricordare che lì c'è qualche cosa, che oltre a far male conferma il mio modo di essere e mi insegna ancora qualcosa, magari non nuovo, ma comunque qualcosa di più.

Ripenso alla funzione del giudice, del pubblico ministero; mi chiedo quale e dove sia la giustificazione a invadere la vita degli altri, a chiedere e disporre arresti, sequestri, condanne, quando proporzione e uguaglianza svaniscono, quando non tutti i fatti e non tutte le persone sono trattate all'identico modo. E la memoria scivola indietro, a ripercorrere tutte le volte in cui è successa la stessa cosa, in cui mi sono posto le stesse domande.

Si riscoprono i limiti del nostro essere umano, ci si ridimensiona, e si ricomincia. La via che porta verso proporzione e uguaglianza, e cioè verso regole uguali davvero per tutti è quasi infinita, si può procedervi soltanto a piccoli passi, spesso si torna anche indietro, e si ricomincia da capo.

Le successive vicende dello stesso processo, le sentenze che seguono e che progressivamente cancellano i pochi rinvii a giudizio, le minori condanne, le esigue conferme in appello non lasciano più segni. Si tratta di cose scontate.

14.

Poco più di un mese dopo la scoperta della loggia P2 e dei suoi intrighi, il 28 aprile 1981 viene rapito a Napoli, da un commando delle Brigate Rosse, l'assessore regionale Ciro Cirillo, appartenente alla Democrazia cristiana, con grande spargimento di sangue. Vengono uccisi gli uomini della scorta.

Il sequestro è gestito con sistemi assai diversi da quelli usati anche per personaggi di spicco notevolmente superiore, come l'ex presidente del consiglio dei ministri Aldo Moro. Si decide per la trattativa a ogni costo, accettando di infrangere anche le regole più basilari, per ottenere la liberazione dell'ostaggio. Si viene a patti con la camorra e con i terroristi, consentendo addirittura che rappresentanti della prima, latitanti, entrino in carcere per mantenere contatti con i loro associati segregati e poi escano come se nulla fosse; si falsificano i registri delle prigioni per mascherare gli ingressi, i contatti e le uscite; si spostano brigatisti da un carcere all'altro della penisola per favorire le trattative; si fanno promesse, tante promesse, che probabilmente cementano legami tra delinquenti associati e politici locali, creando le premesse per l'esplodere di una Tangentopoli che vede tra i protagonisti della divisione della torta anche le organizzazioni del crimine.

L'incarico di gestire tutta l'operazione, conclusa con la liberazione dell'assessore, è attribuito almeno per un certo periodo al SISMI, il servizio di sicurezza esterna, militare, diretto dal generale Santovito, iscritto alla P2, collocato a riposo soltanto a operazione conclusa.

Ho avuto occasione di conoscere la vicenda molti anni dopo, perché chiamato a svolgere le funzioni di consulente della Commissione parlamentare d'inchiesta "sul terrorismo in Italia e sulle cause della mancata individuazione dei responsabili delle stragi" presieduta dal senatore Libero Gualtieri.

In Italia, quando un problema ha radici talmente profonde da esserne del tutto eventuale la soluzione, quando un fenomeno si estingue, ma si teme riappaia, si usa sovente costituire una Commissione parlamentare d'inchiesta. Generalmente bicamerale, composta cioè in eguale misura da deputati e senatori, ha gli stessi poteri dell'autorità giudiziaria (e cioè può disporre sequestri, sentire testimoni, avvalersi dei mezzi necessari a indagare), ma fini diversi. Il suo compito non consiste nell'individuare singole responsabilità per singoli fatti, ma nell'identificare genesi, evoluzione e stato di salute di fenomeni di grande portata, oppure la dinamica di eventi del tutto conclusi.

Si sono così susseguite infinite commissioni d'inchiesta sulla mafia, destinate in passato più ad acuire i problemi che a risolverli; ripetute commissioni d'inchiesta sul sequestro e l'omicidio di Moro; commissioni d'inchiesta sulla ricostruzione di aree devastate da terremoti; commissioni d'inchiesta sul terrorismo e le stragi.

Anni prima, avevo avuto occasionalmente contatti con quella più incisiva, la Commissione sulla loggia P2. Presieduta da Tina Anselmi, una donna ferma e determinata che, già ministro, avrebbe probabilmente dovuto a tali sue qualità il risultato di essere emarginata dal mondo politico, aveva lavorato con attenzione e diligenza, ottenendo risultati riconosciuti ampiamente, allora, dal parlamento.

Nelle rare frequentazioni, mi era successo di conoscere alcuni consulenti, di solito magistrati, e molti dipendenti del parlamento che coadiuvavano l'attività della commissione. Si trattava per lo più di persone capaci, efficienti, che contribuivano con grande efficacia al procedere dei lavori.

Qualche anno più tardi, forse tramite qualcuna di queste persone, comunque non direttamente, si mise in contatto con me un senatore sardo che non conoscevo, Francesco Macis, e mi propose di entrare, a tempo parziale, nello staff dei consulenti della commissione sulle stragi, di cui era membro. Dopo essermi consultato rapidamente con amici più esperti, per valutare l'opportunità di accettare l'incarico, ho risposto di sì. Mi interessava, oltre che approfondire temi di grande spessore, vedere da vicino il funzionamento di una macchina istituzionale tanto diversa da quella nella quale ero impiegato; mi interessava vedere da vicino il palazzo, le prassi, il modo di lavorare dei parlamentari.

Macis era stato eletto nelle liste del Partito comunista, era forse alla seconda legislatura, una persona corretta che non sembrava contare molto all'interno della sua compagine, ma che avrei visto attiva nella commissione. A scanso di equivoci, misi subito in chiaro con lui che avrei svolto la mia funzione con la stessa autonomia e indipendenza con le quali esercitavo le mie funzioni da magistrato, cosa che Macis capì benissimo dopo un timido tentativo di mettermi in contatto con le strutture del suo partito che si occupavano delle tematiche proprie della commissione. Mi accorsi più tardi che, invece, per gli altri membri della commissione, noi consulenti eravamo in qualche modo "schedati", apparentati cioè alla forza politica che aveva proposto di avvalersi del nostro contributo.

Eravamo una dozzina, consulenti o collaboratori, nominati tutti allo stesso modo, dall'ufficio di presidenza su segnalazione e con ratifica dei componenti della commissione. C'era qualche collega, informato spesso alle stesse esigenze di indipendenza e autonomia, qualche docente, un capace e simpatico funzionario del Ministero dell'interno, un ufficiale dell'Arma dei carabinieri in congedo, il generale Angeli, il quale in passato aveva svolto a lungo la sua attività nei servizi segreti, e che ricordo con molto affetto per l'umanità, la correttezza, l'attenzione: sembrava il contrario dello stereotipo romanzesco, e anche delle concrete figure di agente del SISMI nelle quali talvolta ci si imbatteva.

L'attività dei consulenti è varia: il denominatore comune consiste nel preparare la materia sulla quale volta per volta si svolge l'attività della commissione: acquisizione di atti, preparazione di domande per testimoni, elaborazione di relazioni su temi specifici.

Le competenze della commissione erano quasi infinite: da tutte le stragi tradizionalmente riconosciute come tali, da piazza Fontana a Milano fino al treno 904 vicino a Firenze, passando per Peteano, piazza della Loggia a Brescia, il treno

Italicus, tra Firenze e Bologna, ancora la stazione di Bologna; allo stragismo toscano che aveva prodotto attentati falliti; al terrorismo di destra e sinistra; alla vicenda Moro; alla caduta dell'aereo nel mare di Ustica. Conseguentemente, quasi infiniti erano i nostri compiti.

A causa di alcuni ritardi dovuti anche a difficili comunicazioni tra la commissione e altri organi istituzionali, noi consulenti siamo entrati in funzione quando i membri lavoravano già da qualche mese.

Piombiamo nel vivo dell'affare Cirillo, e a qualcuno di noi viene richiesto di esaminare le sentenze, leggere gli atti, preparare le relazioni che serviranno ai commissari per disporre ed effettuare audizioni.

C'è una vicenda curiosa: incaricato tra gli altri di predisporre una relazione è il collega Luigi Croce, sostituto a Palermo. Croce è stato indicato dall'onorevole Coco, ex collega d'ufficio, che conosce da tempo. Coco è stato eletto nella Democrazia cristiana, il partito cui apparteneva anche Cirillo, per la liberazione del quale sono state fatte letteralmente carte false. Gli amici di partito di Coco si aspettano qualcosa di anodino, che non costituisca lo spunto per eccessivi approfondimenti. Croce vede e riporta quel che trova negli atti: esattamente il contrario di quel che ci si attendeva.

Succede un putiferio, e la mia impressione è che Croce si sia giocato coerentemente la riconferma nel caso di proroghe eventuali e future della commissione, che ci sono poi state e che hanno puntualmente visto la sua esclusione.

Comunque, la relazione rimane, e sulla base di essa e di altri lavori si iniziano le audizioni.

Il 27 aprile 1989 viene sentito il senatore Francesco Mazzola, che all'epoca del sequestro Cirillo era delegato dal presidente del consiglio dei ministri a seguire l'attività dei servizi segreti. Si tratta, tra l'altro, di cercare di capire perché Santovito, scoperto nelle liste P2, sia rimasto al suo posto fino al rilascio dell'ostaggio.

Dalla relazione stenografica della seduta, pubblicata negli atti parlamentari:

> PRESIDENTE: ... I Servizi, a quell'epoca, avevano dei problemi, soprattutto per quanto riguardava i loro vertici, tanto è vero che il Presidente del Consiglio collocò i relativi responsabili in congedo ordinario. Il generale Santovito fu trattenuto un po' più a lungo rispetto al generale Grassini.

MAZZOLA: mi consenta, signor Presidente, una precisazione. Il generale Santovito fu collocato in congedo ordinario esattamente come il generale Grassini e il prefetto Coronas. Poi ritornò, alla vigilia di andare in pensione, a metà agosto del 1981.
PRESIDENTE: Quindi vi fu una saldatura.
[...]
MACIS: ...il Presidente del Consiglio ed i Ministri a conoscenza di questo elenco P2...si posero il problema della possibile influenza che questa appartenenza alla Loggia ...di tutti i vertici dei Servizi, avrebbe potuto avere nello svolgimento dei compiti d'istituto per quanto riguarda l'emergenza terroristica...?
MAZZOLA: vorrei far presente un particolare che non ho citato finora e che davo per scontato che la Commissione già conoscesse: tutti gli iscritti nell'elenco al primo impatto negarono la loro appartenenza, quindi rimanemmo per almeno una quindicina di giorni nell'incertezza perché è vero che avevamo la lista ma gli interessati negavano. In un secondo momento vennero fuori le ricevute del versamento delle quote (cosa che fino allora non era avvenuta contestualmente al ritrovamento degli elenchi a Castiglion Fibocchi); infatti a nostra conoscenza (posso sbagliare di qualche giorno) vennero dopo una ventina di giorni circa. In quel momento, quindi, scattò una soglia di prudenza maggiore perché avevamo un riscontro e non c'era più solo una lista da una parte e una negazione dall'altra. Pertanto, nel giro di pochi giorni maturò la messa in congedo. Però, fino a quando non furono esibite dai giudici le ricevute dei versamenti delle quote di iscrizione noi ci trovavamo nella situazione in cui c'era una lista rinvenuta in una valigia, trasmessa dai giudici di Milano al Presidente del Consiglio e, d'altra parte, c'era la negativa totale di tutti gli interessati... Quindi, quando dopo alcune settimane vennero fuori le ricevute ci fu un momento di riflessione più approfondito e venne fuori l'operazione congedo ordinario.

Secondo me, c'era di che scandalizzarsi. Non tanto perché i risultati delle indagini dell'autorità giudiziaria erano evidentemente diversi da quelli cui era giunto il governo: se al senatore Mazzola risultava che tutti gli iscritti all'elenco avevano negato la loro appartenenza, davanti a Turone e a me, che avevamo scoperto la Loggia segreta e conducevamo l'inchiesta, tra le tante persone sentite una soltanto aveva negato d'essere affiliata alla P2 (la sequela delle negazioni generalizzate ci sarà, ma soltanto più tardi, davanti agli inquirenti romani). Non tanto per la singolarità del gesto liberale di consentire al piduista Santovito di lasciare il servizio solo dopo aver raggiunto i limiti di età. Ciò che mi lasciava allibito era la giustificazione del ritardo con cui quest'ultimo era stato congedato.

Secondo il senatore Mazzola, Santovito rimase in servizio fino ad agosto perché le ricevute delle quote di adesione alla loggia P2 erano state trasmesse al governo "dopo una ventina di giorni", "dopo alcune settimane" dalla consegna della lista. Come dire: se le ricevute fossero arrivate prima, Santovito sarebbe stato messo in congedo più rapidamente.

Ero strabiliato. Come si è visto, Giuliano Turone e io avevamo consegnato personalmente la documentazione che poteva interessare il governo, al presidente del consiglio in carica, il 25 e il 30 marzo 1981, e tra i documenti ricordavo esservi anche materiale riguardante il pagamento delle quote, tra cui i blocchetti delle matrici delle ricevute (che peraltro, ma questa è un'opinione, non occupavano nella gerarchia dei riscontri il posto elevato attribuito loro dal senatore Mazzola: c'erano, per esempio, le domande originali autografe di iscrizione di più di una persona).

Esco dall'aula e vado a consultare gli atti della commissione P2, per essere sicuro dei miei ricordi. Ritrovo le lettere consegnate a Forlani, con la ricevuta di suo pugno, che confermano i miei ricordi personali. Mi sembra grave che l'ex responsabile politico dei servizi segreti giustifichi una decisione di allora con un presupposto non vero. Ne sono scandalizzato.

A noi consulenti non era permesso rivolgere domande alle persone sentite dalla commissione. Potevamo semmai suggerirne ai commissari. Rapidamente preparo in più copie un fascicoletto che contiene la documentazione necessaria a smentire il senatore. Ne do una copia a chi trovo nel corridoio fuori dell'aula, dove stava continuando l'audizione Mazzola, sicuramente una a Macis. Prevedo un dibattito serrato sull'argomento, che chiarisca i veri motivi del ritardo del collocamento a riposo, e immagino che possano risultare dei legami tra questo e la complessiva conclusione del sequestro Cirillo.

Invece, l'unico risultato è una dichiarazione di Macis, rilasciata mentre Mazzola sta rispondendo a domande su argomenti diversi: "Il senatore Mazzola probabilmente non ricorda le date esatte. Chiedo, pertanto, che vengano acquisiti gli atti e i documenti depositati presso la commissione d'inchiesta sulla loggia massonica P2 e che riguardano l'invio della documentazione riferita all'elenco di Castiglion Fibocchi alla

Presidenza del Consiglio". Atti e documenti che peraltro la commissione possedeva già, perché io li avevo consultati proprio nei suoi archivi e ne avevo estratto copia.

Rimasi profondamente deluso e mi chiesi se Macis e quei pochi altri cui avevo consegnato le carte non avessero capito. La permanenza per anni nella commissione mi fornì un'altra possibile chiave di lettura.

Nonostante la delusione, allora non pensai di lasciare la Commissione, come invece avrei fatto più volte successivamente, pur decidendo sempre di rimanere. Non ci avevo pensato perché ero appena arrivato, e mi interessava troppo capire il perché delle cose, capire l'ambiente, le ragioni e il modo di muoversi delle persone.

Per il momento, esistendone la possibilità, decisi di dedicarmi ad attività della commissione di tipo diverso: si stava cercando di istituire una banca dati informatizzata che consentisse di archiviare in modo ragionato le notizie contenute negli atti che la commissione acquisiva quasi giorno per giorno presso procure, tribunali, corti di assise e di appello. Avevo un po' di esperienza sui sistemi di archivio computerizzati, mi proposi di creare un programma *ad hoc*, e per quasi due anni passai un paio di giorni alla settimana a Roma a questo scopo, insieme a tecnici di informatica, riferendo quindicinalmente i progressi al presidente e ai commissari interessati. Il programma non avrebbe mai visto la luce, perché in dirittura di arrivo i responsabili politici della commissione scoprirono che non esistevano fondi, locali e persone sufficienti per renderlo operativo.

Il modo di procedere della commissione era singolare, completamente diverso da quello cui ero abituato negli uffici giudiziari. Dei vari argomenti oggetto delle sue ricerche nessuno veniva preso, esaminato, sviscerato, portato a conclusione. No, si incominciava ad approfondire il caso Cirillo, e quando sembrava di essere giunti a una svolta, che le conclusioni fossero vicine o quantomeno si fosse arrivati a un momento chiave per nuovi e diversi spazi d'indagine, lo si abbandonava e si passava, per fare un esempio, alla vicenda di Ustica. Approfondimenti su quella, sedute fiume, audizione di ufficiali, esponenti dei servizi segreti, esame di atti, perizie, documenti. Sembrava imminente un salto di qualità; ebbene, si piantava lì un'altra volta, e si passava, per esempio, al caso Moro. Anche per quello, stessa procedura, e così via per una serie quasi infinita di altri casi, nonostante l'impegno e la capacità del presidente Gualtieri, forse il più determinato a scrivere parole finali e che pazientemente, qualche volta da solo, qualche volta con il supporto di qualcuno di noi o dei commissari più volonterosi, presentava con regolarità alle scadenze fissate le sue relazioni, peraltro – come si dice ora – *in progress*, e cioè basate su acquisizioni non ancora complete.

A un certo punto, improvvisamente e in genere senza che ne scoprissi la ragione, tornava d'attualità un tema trascurato da mesi, che magari abortiva prima ancora che il materiale richiestoci in tutta fretta e in tutta fretta raccolto e sistemato venisse analizzato dalla commissione, che, ancora con subitanei cambi di rotta, si gettava su altro.

Mi è successo più di una volta di trovarmi a passare giornate festive a studiare fascicoli, a scrivere sintesi, a elencare domande. Il lavoro più corposo, e che aveva richiesto più tempo, credo non sia mai stato consultato. E qualche nostra intuizione profonda, mia o degli altri consulenti, su particolari carte da acquisire, su specifiche indagini da approfondire, soprattutto in materia P2, hanno trovato nei fatti l'insormontabile ostacolo del continuo rinvio. È stato in queste occasioni che ho pensato di andarmene, e tutte le volte ho cambiato idea convincendomi che se non ero io a servire alla commissione, sicuramente questa serviva a me, per imparare, per farmi conoscere un mondo così poco familiare.

Le commissioni parlamentari hanno sede in un antico palazzo romano, in una viuzza che si affaccia su piazza della Rotonda, dominata dal Pantheon. È un palazzo discreto, diviso verticalmente in due: a destra, entrando, si trova una grande bibilioteca che si estende dal pianterreno fino all'ultimo piano; a sinistra ci sono gli uffici delle varie commissioni e le piccole ma attrezzate aule nelle quali si tengono le sedute. Costruzione e arredamenti sono austeri, gli spazi, anche in altezza, limitati al necessario. La Commissione stragi e terrorismo era collocata al quinto piano, e divideva in comproprietà l'aula con la Commissione antimafia.

L'accesso al palazzo è controllato da commessi parlamentari, tutti in sobria divisa nera, che fanno passare senza difficoltà soltanto i senatori, i deputati e i consulenti che, per le visite frequenti, sono più conosciuti. Per gli altri è necessario presentare un documento che viene ritirato in cambio di un "passi" e restituito soltanto all'uscita.

Intorno ai componenti della commissione, in questo caso quaranta, divisi equamente tra senatori e deputati, più il presidente, lavora un nugulo di persone: lo staff amministrativo che si preoccupa di organizzare il lavoro, gli stenotipisti che riproducono parola per parola il contenuto delle sedute, i consulenti, qualche ufficiale di polizia giudiziaria, tanti commessi.

La complessa struttura della commissione parlamentare sulle stragi e il terrorismo a volte sembrava essere stata messa in piedi, più che per raggiungere i propri fini istituzionali, per macinare acqua, perché nulla fosse portato a termine e tutto perennemente in corso. Salvo farsi affascinare da certe strade maliziose del pensiero che, libero dalla necessità di motivazioni ferree e rigorosi rapporti causali, conducevano verso altre ragioni, attraverso passaggi intuitivi e riflessioni basate sulla pura osservazione.

Seguendo queste, strade sembrava che non importasse quasi a nessuno il risultato delle indagini. Che gli improvvisi coinvolgimenti e i subitanei disamoramenti per questo o quell'argomento, che le emergenze parziali, e però significative, che le scoperte rilevanti, sebbene di piccoli particolari, fossero tutti strumentali a giochi che si conducevano da un'altra parte, su altri tavoli, in un rapporto di dare e avere in cui le notizie, gli accertamenti, le conoscenze, le indiscrezioni, i segreti appresi fungessero da pedine di scambio da barattare con altri beni e valori nel più grande e complicato mondo della gestione politica e delle sue mediazioni. E che le accelerazioni e i rallentamenti, la messa da un canto o la ripresa dell'approfondimento di questo o quel tema costituissero contemporaneamente una specie di avvertimento inespresso.

E nell'immenso calderone indistinto da cui partono tutte le scelte, per decidere una linea politica, un impegno di spesa, l'importanza di un gruppo politico calibrata in base ad attribuzione di incarichi, le alleanze tra diversi partiti, e le spartizioni di affari, ecco ciascuno giocare le piccole e le grandi carte pazientemente raccolte in una commissione parlamentare, in un ministero, tra le veline di un servizio segreto, nel sottobosco burocratico di un'amministrazione comunale, nella direzione di un importante ente di stato. Tante volte, senza nemmeno avere bisogno di mostrare le frecce al proprio arco, ma facendole intendere con sottili (o grossolane, questo dipende dalla persona) allusioni, con sfumature, accenni lasciati in sospeso.

Messaggi indiretti nella forma ma estremamente espliciti nella sostanza, che altrove potrebbero forse chiamarsi ricatti, parte di un linguaggio separato, costruito e arricchito dalla consuetudine di anni, decenni, forse di secoli; proprio, in definitiva, di pochi, che lo vorrebbero insieme esclusivo e universale. Esclusivo, perché è poi lo strumento per gestire il potere. Universale, perché tutti capiscano subito gli avvertimenti e ne traggano le dovute conseguenze. Come spiegarsi altrimenti la stizza che prende chi usa lo speciale linguaggio nei confronti di estranei e non riceve le risposte usuali?

La mediazione, che vuol dire ricerca del mezzo, si trasforma in un sotterraneo baratto di cose e valori, anche di quelli ufficialmente intoccabili. E la politica si trasforma in mercato.

E la mancata individuazione degli autori delle stragi, e lo stato del terrorismo, e i moltissimi punti oscuri del sequestro e dell'assassinio di Moro? E la fine dell'aereo di Ustica? E i sotterfugi, gli accordi, le palesi violazioni di legge che hanno consentito la liberazione di Ciro Cirillo? E le decine, le centinaia di morti, i cittadini che attendono di sapere come tutto ciò è potuto avvenire?

Si rivolgano ad altri poteri, si rivolgano alla magistratura. Qui, noi, dobbiamo lavorare, dobbiamo fare politica.

15.

Inizio a scrivere a fine 1993, nelle poche pause concesse dalla frenesia del lavoro, in qualche giorno di ferie, o di sera, qualche volta con intervalli di mesi. Ora mi accingo a finire. Nel frattempo sono cambiate molte cose, di alcune è cambiata anche la percezione, qualcosa si è chiarito, qualcosa è diventato confuso. Dopo anni di indagini insieme, tra gli altri, ad Antonio Di Pietro, eccoci a vivere il dopo Di Pietro.

A qualche giorno dal suo annuncio di lasciare, sono vuoto e confuso.

Che ha intenzione di andare lo vengo a sapere circa una settimana prima, da Piercamillo Davigo.

"Antonio ha deciso d'andarsene."

"Perché?"

"È convinto che la stagione dei processi sia finita, che non arriverà più acqua ai mulini dell'indagine, che sia il caso di tirarsi da parte per il momento, per poter poi riprendere l'impegno più avanti, in posizioni diverse, quando sarà possibile. Secondo lui dovremmo fare anche noi la stessa cosa."

"Tu cosa fai?"

"Lui lascia l'ordine giudiziario, io credo che chiederò il trasferimento in Corte d'appello. Anch'io sono convinto che la nostra inchiesta sia finita, e che sia il caso di aspettare tempi migliori per ricominciare. Io però non lascio la magistratura. Antonio pensa di andarsene in punta di piedi, senza polemiche, perché queste non siano strumentalizzate contro di lui in futuro."

Quante volte, nei mesi precedenti, avevo pensato anch'io di lasciare la magistratura. Quante volte avevo creduto di essere arrivato al limite, di non essere più capace di rimanere zitto, rifiutando di rispondere a qualsiasi polemica, convinto come sono che il ruolo del giudice (e allo stesso modo del pubblico ministero) impedisca anche solo l'idea di entrare in polemica con i propri indagati, di replicare a chi pubblicamente commentava, puntualizzava, fomentava.

Quante volte mi aveva preso la tentazione di andarmene per parlare, per essere libero di rispondere a tutti gli attacchi che ci erano stati e ci venivano rivolti, per cercare di restaurare la verità delle cose dagli stravolgimenti che quotidianamente subiva! E rivendicare la dignità della professione, il rispetto dell'indipendenza coltivato in ogni atto del mio lavoro, costantemente aggrediti, io e gli altri, con una continuità e un'arroganza impressionanti, tacciati di rispondere agli interessi di questo o di quello, di un partito o di un altro, spesso per evitare che vere dipendenze di altri, vere infedeltà emergessero.

Tutte le volte, poi, la tentazione svaniva prima ancora di varcare, la mattina, la soglia dell'ufficio, e riprendeva il sopravvento la coerenza nei confronti del lavoro, la convinzione che spazio per render giustizia ne esisteva ancora e che la cosa più importante era andare avanti a dimostrare che, per quanto faticosamente, la legge poteva essere applicata nei confronti di tutti. Credo che lo stesso percorso abbia fatto Davigo, perché nel giro di pochissimi giorni si convinse a restare.

Quando Piercamillo mi dette l'annuncio, che sarebbe stato ripetuto a tutti noi dopo qualche giorno, di persona, da Antonio, pensai che Di Pietro facesse bene. Non ritenevo affatto che si fosse chiusa ancora una volta la possibilità di scoprire i delitti del potere, ma pensavo che ormai la figura di Antonio fosse diventata talmente simbolica da rendere di fatto difficilissimo che l'amministrazione della giustizia non fosse caricata di significati di altro genere, non fosse resa difficile, quasi impossibile, dalle polemiche e dagli stravolgimenti. E credevo che l'abbandono della magistratura, da parte sua, avrebbe consentito di recuperare – nei limiti consentiti dall'interesse che circondava Mani Pulite – almeno un po' di immagine spersonalizzata dell'imparzialità che è bene accompagni il nostro lavoro.

Dopo poco ho cominciato a pensare che l'abbandono, senza adeguate spiegazioni, avrebbe invece consentito di rinfocolare le polemiche, di moltiplicare gli attacchi attraverso l'insinuazione che se ne fosse andato perché in disaccordo con noi. Temevo inoltre, e glielo dissi, che lasciare il lavoro a metà, dal mio punto di vista, avrebbe potuto danneggiare anche lui. Antonio non ha cambiato idea e io, nonostante momentanei tentennamenti, ho continuato a ritenere in quei giorni che la sua scelta fosse l'esercizio di una libertà morale che non poteva non essergli riconosciuta, i cui effetti nei confronti del lavoro del pool sarebbero stati assolutamente imprevedibili e di conseguenza eticamente neutri.

La scelta di abbandonare le indagini e rinunciare infine, per davvero, alla professione di magistrato, è stata poi usata contro di lui al di là dell'immaginabile, pur mettendo nel conto alcuni suoi comportamenti indecifrabili, qualche debolezza e anche eventuali timori.

Dietro la sua decisione iniziale di fine 1994 di lasciare in effetti soltanto le indagini, e dietro la decisione finale della primavera successiva di abbandonare la magistratura, alcuni hanno visto un ricatto subito, un silenzioso e forse inconsapevole accondiscendere ad altrui volontà, o al prospettarsi di rivelazioni o punizioni di supposte scorrettezze che, se inesistenti, venissero comunque da lui ritenute capaci di metterlo in difficoltà.

Pertinente o inventata che sia la teoria del ricatto, successivamente al progressivo abbandono di Antonio si è sviluppato comunque un complicato susseguirsi di eventi intrecciatisi tra loro in maniera assai contraddittoria: da una parte la stima in Di Pietro veniva continuamente sbandierata da tutti; dall'altra si moltiplicavano le iniziative giudiziarie nei suoi confronti, le maldicenze sotterranee, le insinuazioni, fatte raramente alla luce del sole, sulla sua professionalità, sul suo modo di condurre le indagini, sul suo rispetto delle regole processuali e via dicendo.

Gli attacchi e le critiche si intrecciavano con iniziative dirette a togliere credibilità – ora si dice delegittimare – a noi, al pool, ai magistrati che continuavano a investigare. Antonio Di Pietro era stato il simbolo assoluto, l'idea dell'applicazione della legge ai potenti, l'impersonificazione della legalità. Conseguenza naturale, voluta o meno, degli attacchi a Di

Pietro, del mettere in dubbio il suo lavoro, era intaccare la credibilità del nostro, quello che noi continuavamo a fare.

Per completare il meccanismo perverso, ecco le iniziative dirette, pretestuose, spettacolari nei nostri confronti. Mentre Di Pietro è ancora nelle sue funzioni, il ministro di grazia e giustizia del governo Berlusconi, Alfredo Biondi, invia un'ispezione alla procura della repubblica di Milano. I quesiti, le materie di approfondimento, sono i più vari. Veniamo esaminati a largo spettro, un po' su tutto, come se si volesse trovare comunque qualcosa che non va.

L'ispezione, nei suoi continui colloqui di allora, sarà una delle cause della nausea di Di Pietro verso la professione, un motivo dell'allontanamento.

La conclusione degli ispettori non poteva essere che quella: non abbiamo fatto niente di male, anzi... "Anzi", perché ci sono tanti comportamenti di altri, che gli ispettori stigmatizzano, di colleghi e di terzi, di politici e non.

Mentre gli ispettori elaborano la relazione, cambia il governo. Per il nuovo ministro, Filippo Mancuso, la conclusione non è ammissibile: se è favorevole ai magistrati del pool, vuol dire che agli ispettori hanno fatto qualcosa, hanno fatto perdere l'imparzialità, la serenità, la capacità di valutare, li hanno intimiditi.

Le "colpe" documentate degli altri quasi non esistono. Esiste invece il fatto che Borrelli e colleghi devono pagare per aver impedito, con la loro intimidazione (che, per inciso, è un parametro qualificante il comportamento mafioso), una serena conclusione dell'inchiesta ministeriale. Devono pagare la loro indisciplina con un procedimento che riguarda la loro correttezza di uomini, devono essere sottoposti a un'altra ispezione che possa scoprire quel che gli ispettori intimiditi (e ciò nonostante confermati al loro posto, escluse le donne) non hanno potuto verificare.

Ma non basta. Altre ispezioni, sempre sulla procura della repubblica di Milano, si erano concluse anni prima con un nulla di fatto. Quel nulla si capovolge, diventa la base di nuove iniziative. Non è proprio il pool l'oggetto delle indagini, ma la materia è la stessa (sempre corruzioni, finanziamenti illeciti dei partiti, insomma lo stesso settore di criminalità), la procura è la stessa, e lo stesso è il suo capo, quel dirigente così strano rispetto a quelli passati, strano e sordo, e cieco, e forse anche un po' tardo, se non vuole capire la doppia funzione cui deve assolvere: far rispettare la legge da tutti, ma... senza che ci si possa accorgere, senza che risulti quando è il potere a infrangerla.

E avanti, avanti in queste coincidenze imperscrutabilmente create dal destino dell'uomo, in un susseguirsi continuo di iniziative tese a delegittimare, come se si potesse annullare il delitto pretendendo colpe in chi l'ha scoperto.

Quante pressioni sul nostro lavoro avevamo dovuto subire, nel corso delle indagini. E non soltanto iniziative giudiziarie o disciplinari, ma lettere e telefonate di minacce, segnalazioni di fonti confidenziali sulla preparazione di attentati. Prima della fine del 1994, prima di andarsene, Antonio Di Pietro fungeva da parafulmine quasi di tutto, era il simbolo esterno del bene e del male e noi, gli altri, eravamo mediamente tranquilli.

"Dottore, c'è una nostra fonte, ben introdotta e affidabile, che riferisce che stanno preparando un attentato contro di lei."

"Pedinatela, operate su quel che vi ha detto, scoprite i mandanti..."

"Se operiamo, corriamo il rischio di scoprirla, di bruciarla, non possiamo bruciare la fonte..."

"Non ho capito, per non bruciare la fonte, fate saltare per aria me...?"

Una delle prime avvisaglie, che Antonio aveva affrontato con la concretezza di sempre. Era una delle avvisaglie, tante altre delle quali, le più insidiose per il nostro lavoro, avremmo spesso affrontato insieme, ragionando, discutendo, e trovando alla fine la soluzione per uscirne senza danno.

In precedenza c'erano state altre iniziative eclatanti, i "poker d'assi" minacciati da Craxi, i dossier di qualche settimanale, ma anche le trappole sotterranee, dirette a farci apparire di parte, a mettere in dubbio indipendenza, correttezza, professionalità, e anche moralità.

Racconti astrattamente credibili – buttati lì con circospezione alla fine di un interrogatorio, in un *pourparler* con un difensore – di interessi di stati stranieri, di servizi segreti, con esche (possibilità di apprendere notizie) spesso assai ghiotte, che facevano sembrare vicine importanti vie per capire, comprendere, conoscere altri fatti ancora.

"Cosa ne dici, cosa facciamo, ci prospettano che ci sarebbe un disegno per bloccarci, che ci sarebbe il tal stato che ci vuole aiutare, che ha elementi da darci, basta che noi diamo un segno, che siamo disposti a lavorare d'accordo con loro. Io sono molto perplesso... e d'altronde sarebbe importante..."

"A parte che potrebbe essere una trappola, ci comportiamo, come sempre, nel modo più istituzionale possibile... Nessun contatto non consentito, e quelli consentiti, tutti assolutamente documentati."

"Non possiamo farci strumentalizzare, e le nostre scoperte non possono essere il frutto di strade sotterranee o di comportamenti ambigui."

Me lo ricordo bene, questo discorso, in un angusto e assolato cortile del palazzo di giustizia, fuori delle nostre stanze come sempre succede quando non si può correre il rischio che gli argomenti in discussione siano ascoltati da orecchie invadenti (una microspia, un microfono esterno...). Quante volte, anche adesso, entra nella mia stanza Davigo, o Greco, o Ielo... "andiamo in corridoio...". E quante volte sono entrato io nelle loro, e prima anche in quella di Antonio, "andiamo in corridoio..." E tutte le volte, prima di sapere, la voglia di prevedere l'oggetto della comunicazione: "...si tratta di una nuova scoperta? Si è sbloccata quella tal situazione? Finalmente quelle notizie, ancora vaghe, su cui stiamo lavorando si sono concretizzate? C'è un nuovo attacco da fronteggiare? Qualcuno sta buttando ancora fango contro di noi?..." E prima di dire, la pesantezza e lo scoramento per dover ancora una volta trovare il sistema per difendere la propria credibilità, la propria reputazione; ovvero la curiosità di vedere quale effetto avrebbe fatto sugli amici-colleghi la nuova scoperta; qualche volta l'orgoglio del risultato dei propri approfondimenti e l'attesa dello stupore degli altri.

Gli argomenti da corridoio erano più d'uno: le aggressioni, le grandi svolte delle indagini, la preparazione delle decisioni più importanti. Frequentemente gli argomenti si intrecciavano e si sovrapponevano, perché l'uno poteva essere occasione dell'altro e dell'altro ancora, o esserne conseguenza diretta, o emergere contemporaneamente alla nostra attenzione.

Così le scoperte imponevano spesso conseguenti decisioni, la scaletta delle tappe ulteriori. Si trovavano documenti in una perquisizione, un indagato rivelava circostanze sconosciute: come procedere oltre? E le decisioni, la fase interlocutoria di quelle decisioni destinate a essere circondate all'esterno da maggior clamore, richiedevano spesso il compimento di nuovi atti d'indagine, da cui scaturivano nuove scoperte.

"Guarda, ho controllato la posizione, credo che per indagare Tizio occorra ancora verificare un passaggio: i suoi rapporti con Caio non sono ancora ben determinati, potremmo provare a richiedere la documentazione della movimentazione telefonica..." e di lì, dalla documentazione acquisita, l'emergere di nuovi intrecci, l'individuazione di nuove persone, la prova di altri contatti, appena abbozzati nelle conoscenze pregresse.

Il rapporto tra le aggressioni e gli altri argomenti da corridoio presuppone la conoscenza dell'ambiente nel quale operiamo e della sottile ragnatela di contatti che sottendono le indagini.

Da sempre siamo circondati da nugoli di cronisti giudiziari, che quando non riescono a superarle con vari pretesti, stazionano al di là delle transenne che proteggono pochi metri di spazio davanti alle porte degli uffici di Davigo e mio, e quindi la discrezione dei nostri atti. Le stanze di Greco e degli altri, gli studi dei capi sono posti in altre parti del palazzo, anch'essi al di là delle transenne, a decine e decine di metri di distanza da noi.

L'assenza di nostre dichiarazioni sulle attività e sul contenuto degli atti ha obbligato i cronisti a sviluppare altre capacità percettive, che si sono affinate nella lunga permanenza a palazzo. Il loro sistema consiste nell'identificare segnali (le persone che entrano nei nostri uffici, i nostri incontri, le visite ai capi, la durata degli interrogatori, la durata delle nostre riunioni, l'andirivieni di poliziotti, carabinieri e finanzieri), collegarli tra loro, elaborare ipotesi e, quando possibile, cercare conferme dovunque: una domanda trabocchetto a noi, una telefonata a un avvocato, una lunga, innocente chiacchierata con un nostro assistente, esplorazioni alla polizia giudiziaria, intrusioni negli uffici del giudice per le indagini preliminari. Se i segnali appaiono particolarmente significativi, entrano letteralmente in fibrillazione.

Si sente bussare:

"Avanti".
"Ci sono novità..."
"Che novità?"
"Non so, siete stati tre ore da Borrelli..."
"Niente, una riunione come tante altre, abbiamo fatto il punto della situazione."
"Ma se avete appena interrogato Tizio per tutta la mattina..."
"Davvero?"
"Sì, l'abbiamo visto tutti..."
"E allora?"
"Va bene, ho capito, arrivederci."
"Arrivederci," e la scena si ripete cinque, sei volte nel giro di un'ora, ogni volta con un cronista diverso, a tentare quello che non era riuscito al precedente, fino ad arrendersi e a cercare un'altra strada.

E, forse anche attraverso una di queste altre strade, le ipotesi, le congetture, le intuizioni si trasformano in quasi certezze che si diffondono anche fuori palazzo (se hanno sentito questo, che è collegato con quella vicenda, in cui ha parte importante quell'altro, la riunione riguarda la posizione dell'altro, chissà, magari hanno deciso di prenderlo, di interrogarlo).

Peraltro, obblighi di cortesia che collidono con il segreto istruttorio portano spesso chi, ammettendo proprie responsabilità, coinvolge anche quelle di altri, ad avvisare costoro d'averne fatto il nome o, peggio, di accingersi a farlo. E, qualche volta, succede che il difensore del primo ne parli, anche senza malizia, con chi già assiste, o assisterà il secondo.

E succede anche, seppur raramente, che antiche ragioni di riconoscenza siano soddisfatte da personale della Guardia di finanza che – è successo anche questo – mette sull'avviso di imminenti perquisizioni, o della direzione di sviluppo delle indagini e così via.

Insomma, attraverso molteplici percorsi, è più regola che eccezione che le iniziative che da vicino coinvolgono personaggi di spicco siano non conosciute, ma "respirate" dagli stessi destinatari. Non si sa generalmente cosa, ma si sa chi; non si conosce quale sarà l'atto investigativo, ma si conosce che un atto ci sarà, e riguarderà quella persona o persone vicine.

Frequentemente le aggressioni che abbiamo subito sono state risposte anticipate a nostri futuri atti giudiziari, risposte rese possibili, appunto, dal "respirare" la prossimità dei medesimi. E il giocare d'anticipo ha poi consentito di far apparire come ritorsioni le iniziative che noi avevamo programmato da tempo, permettendo che fossero tacciate di strumentalità, che venissero malevolmente interpretate come risposte agli attacchi di cui, in effetti, esse erano causa.

Qualche volta siamo stati fortunati, gli stessi canali hanno portato notizie anche in senso contrario, ci è successo di aver noi anticipazioni di attacchi che si sarebbero verificati a giorni, di poter accelerare il nostro intervento e vanificare, fino a farla rientrare, la programmata aggressione.

Erano dunque questi i nostri argomenti da corridoio, che il più delle volte trovavano un epilogo nella stanza del capo. Chiarite le idee tra di noi, per le cose di maggiore importanza si investiva propriamente l'ufficio nella persona del suo dirigente.

Sempre difficili nell'organizzazione, queste riunioni, per l'improbabilità di trovarci tutti, e tutti liberi, nello stesso momento. E, invece, quasi sempre distese e serene nei contenuti.

Certo, gestire Mani Pulite non è stato facile. All'inizio io non volevo entrare nelle indagini. Mi stavo occupando d'altro, reati societari, questioni correnti, molto tempo era sottratto dalla consulenza alla Commissione parlamentare sulle stragi. Da qualche anno avevo preso particolare interesse allo scrivere testi: una monografia sul riciclaggio; una sui riti alternativi (patteggiamento, giudizio abbreviato) introdotti dal nuovo codice, mai pubblicata, benché completata, per l'impossibilità di star dietro alle modifiche legislative che quasi giorno per giorno venivano introdotte dal parlamento e dalla Corte costituzionale; riflessioni sul ruolo del pubblico ministero, sul come dovesse indagare nel nuovo processo; e proprio in quei mesi, insieme a Luigi Magistro, stavo cercando di riordinare la congerie di leggi stratificatesi l'una sull'altra in tema di mafia.

Ero un po' stanco delle inchieste totalizzanti, sia perché impediscono di coltivare qualsiasi altro interesse, sia per la vita che obbligano a fare, sia perché mi pareva di "avere già dato", peraltro con minimi risultati concreti, stante la tendenza continua alla trasmigrazione degli atti da Milano a sede diversa.

Ero stanco della libertà vigilata, delle scorte, dei carabinieri sotto casa, ne ero stanco anche con riguardo ai periodi relativamente tranquilli, quando paiono costituire più comodità che estrinsecazioni concrete dell'essere in potenziale pericolo.

Credevo di voler impostare la vita su temi di maggior riflessione. Avevo più fame di sapere, che di fare. Preferivo la teoria, alla pratica del diritto. Preferivo far altro, lasciare che, come nell'alternarsi delle stagioni, un periodo di quiete, di semina lenta e serena, sostituisse gli affanni del raccogliere il frutto. E d'altra parte pensavo che sarebbe stato più agevole (ma forse era solo una giustificazione) che l'inchiesta, che già decollava, venisse gestita affiancando a Di Pietro giovanissimi colleghi, in modo che si stabilisse una gerarchia sicura tra coloro che la conducevano, e Antonio, che l'aveva iniziata, ne fosse esclusivo responsabile anche per il futuro.

Sono state le insistenze dei capi a convincermi, le pazienti, gentili e avvolgenti insistenze dei capi. Era già evidente allora che un solo sostituto non avrebbe potuto sopportare il peso dell'estendersi delle investigazioni, e che quindi di lì a poco sarebbe stato necessario un affiancamento. Giorno dopo giorno, proponendomi la lettura di alcuni atti, sottolineando gli aspetti più coinvolgenti delle indagini, facendo intravedere la possibilità di rapporti con autorità giudiziarie straniere (argomento che mi ha sempre attratto), insomma, insistendo, hanno risvegliato il mio interesse e, perché no?, l'ambizione a fare cose importanti.

Suppongo che un'analoga opera di persuasione sia stata fatta nei confronti di Antonio, che poteva temere che il lavorare con un collega più anziano, quale io ero, gli avrebbe fatto perdere autonomia nelle decisioni.

Alla fine di aprile, dopo un mio "ni", l'indagine mi è stata coassegnata, e l'immersione è stata immediata. Il giorno stesso, o il giorno successivo, Di Pietro aveva previsto l'interrogatorio dell'imputato più noto, quello che altri avrebbe poi definito il "mariuolo". Ha invitato a partecipare anche me, e da allora non ho più fatto altro.

Ho conosciuto in quella occasione il modo di lavorare di Antonio.

Avevamo già avuto modo di frequentarci personalmente per motivi d'ufficio. Di Pietro, prima ancora che arrivassi in procura, mi aveva avvicinato all'informatica, proponendomi di partecipare a un corso su un programma di *database* che lui stesso aveva organizzato. Avevamo anche partecipato a una breve inchiesta insieme, io nel ruolo di giudice investigatore (ero componente di un organismo particolare, il collegio di giudici che istruisce i processi per i reati attribuibili a ministri nell'esercizio delle loro funzioni) e lui in quello di pubblico ministero, dunque in posizioni diverse, e non avevo mai assistito a un suo interrogatorio.

Credo che la maggiore abilità di Di Pietro sia il suo modo di interrogare le persone. Che non è solamente saper porre le domande, rispettare una logica che conduca chi si ha davanti a "dover" dare risposte sincere, ma è anche intuito, capacità di prevedere le risposte, possesso di strumenti scenici coinvolgenti.

Di Pietro era diventato un mito soprattutto per gli interrogatori, nei quali arrivava a superare chiunque. Un esempio: quando già l'inchiesta era progredita al punto che neppure lui e io riuscivamo quasi a gestirla, e ci era stato affiancato Davigo, Piercamillo seguiva da giorni la posizione di una persona detenuta. C'erano da spiegare meccanismi, da chiarire la destinazione dei soldi da costui ricevuti, da verificare correità. Davigo tornava tutti i giorni da San Vittore, il carcere di Milano, con un nulla di fatto.

Una sera che precedeva forse una ricorrenza, forse un periodo di ferie, siamo invitati, tutti, da amici, per scambiarci gli auguri o i saluti. Piercamillo e io siamo puntuali, Antonio non arriva mai. Verso mezzanotte, giunge finalmente anche lui, e con noncuranza, sornione, rivolto a Piercamillo: "Ah, guarda, sono passato da San Vittore, devi pagare da bere. Sono entrato con quattro faldoni, li ho messi sulla scrivania, gli ho detto di fare i suoi conti... Collabora". Eravamo soltanto all'inizio. Alla fine, gli effetti di tanti interrogatori si erano cumulati con le loro cause, e c'era chi chiedeva espressamente di essere interrogato da Di Pietro per avere l'"orgoglio" di aver confessato con lui.

Un po' per questa abilità, un po' per la naturale irruenza e la tendenza a sovrapporsi al lavoro dei colleghi, ad accentrare su di sé i fili dei rapporti con gli altri – fossero indagati, avvocati, testimoni, in genere terzi – quando le indagini erano ormai avanzate si stabilì naturalmente una ripartizione dei compiti: ciascuno seguiva completamento i filoni di minor rilievo che aveva iniziato, mentre per quelli più importanti lui interrogava, e io mi occupavo delle indagini sulle carte, sui documenti. Piercamillo Davigo, aggiunto a noi a fine maggio 1992, era il più specializzato, e lavorava quasi a parte.

Piercamillo nasconde la propria natura sotto uno strato di solida razionalità, supportata da una logica inesorabile, forse frutto degli studi preuniversitari. È rigoroso, non rigido, e di assoluta coerenza. Sotto un primo strato, una non comune sensibilità, disponibilità per amici e conoscenti, forse qualche paura dei propri sentimenti. Ha grandi capacità sistematiche e una notevole facilità di comunicazione che consente, dopo brevi frequentazioni, di arrivare subito al nocciolo delle questioni, senza arzigogolii e barocchismi. Con lui si parla per scorciatoie e ci si intende subito.

All'inizio partecipava anche lui alle indagini, ma da quando cominciarono a esservi coinvolti dei parlamentari venne da sé, dopo i primi aggiustamenti, che lui dovesse occuparsi delle relative richieste di autorizzazione a procedere, e cioè dell'esposizione dei fatti attribuiti a costoro e delle norme di legge violate, perché camera e senato decidessero – secondo il sistema vigente fino al novembre 1993 – se consentire alla magistratura di proseguire le indagini oppure no. Dalla fine del 1992, fino alla modifica legislativa che ha quasi del tutto liberalizzato l'iniziativa penale nei confronti di parlamentari, mantenendo la necessità di autorizzazione esclusivamente per gli atti maggiormente intrusivi della libertà personale e della libertà di comunicazione, è stato un frenetico susseguirsi di scoperte di reati attribuibili a deputati o senatori, e Piercamillo non faceva altro che scrivere. Non riusciva a terminare una richiesta che già doveva iniziarne un'altra, assillato dai tempi strettissimi (trenta giorni), decorrenti dalla scoperta del coinvolgimento del parlamentare, entro i quali la richiesta doveva essere presentata alla camera di appartenenza.

In quel periodo sembravamo una specie di articolata catena di montaggio: Antonio prevalentemente a interrogare; io a cercare ed esaminare carte; ed entrambi a far confluire gran parte del nostro lavoro su Piercamillo, che lo ordinava nei suoi scritti. Più o meno tutti, contemporaneamente, a redigere richieste di ordinanze di custodia cautelare che il giudice per le indagini preliminari, Italo Ghitti, con una formidabile capacità lavorativa, privilegiando la rapidità al cesello, emetteva con la tempestività necessaria per scongiurare il rischio di inquinamenti, distruzioni e alterazioni delle prove, tutte le volte in cui riteneva fondate le nostre ragioni.

Fin dall'inizio l'indagine aveva preso la forma di una spirale che, seguendo i contorni di un immaginario cono rovesciato, partendo dal vertice, si estendeva e saliva. Da un episodio quasi banale come ne succedono tanti – l'arresto in flagranza di un funzionario pubblico che aveva chiesto denaro a un imprenditore recalcitrante per "consentirgli" di continuare a lavorare presso l'istituto che presiedeva – Antonio, all'inizio da solo, era riuscito ad avviare il meccanismo, fondato su una serie di rimandi.

Se il funzionario aveva chiesto denaro a un imprenditore, probabilmente ne aveva già ottenuto da altri, tanto più che le sue disponibilità patrimoniali, rapidamente scoperte, erano assolutamente sproporzionate alle sue effettive capacità di lecito guadagno. E allora, via a controllare da dove erano venuti quei soldi in più, per scoprire che arrivavano da altri imprenditori, meno recalcitranti, anzi disponibili a ottenere vantaggi, le cui aziende restauravano o approvvigionavano lo stesso istituto. Imprenditori che, a loro volta, prestavano la propria opera anche presso altri istituti, acquisendo commesse, possibilità di lavoro con metodi analoghi. Via a controllare queste altre commesse, gli appalti con i nuovi enti, e poi i patrimoni di quei funzionari, e a scoprire che il metodo era davvero lo stesso, gli imprenditori versavano e i funzionari ricevevano, corrispondendo in cambio privilegi nei rapporti con l'istituto.

La spirale si estendeva e cresceva. Da Milano alla Lombardia, all'Italia, dai piccoli funzionari periferici ai sindaci, ai parlamentari, ai ministri, ai segretari di partito, agli ex capi di governo, a magistrati, ai massimi imprenditori pubblici e privati. La spirale si allargava e saliva. Ogni tanto si apriva una nuova ramificazione, ogni tanto, sulla superficie del cono, appariva il vertice di una nuova figura, destinato a essere autonoma origine di un nuovo filone, che si sarebbe sviluppato come quelli già avviati.

Queste nuove fonti erano di solito persone sconosciute, che si presentavano, accompagnate dal difensore, in uno dei nostri uffici, generalmente in quello di Antonio, e senza che noi sapessimo nulla di loro raccontavano, raccontavano fatti, reati, persone coinvolte, circostanze, date, passaggi di contanti, aperture di conti in Svizzera e così via. Qualche volta erano invece persone già coinvolte nelle indagini, ma per fatti diversi da quelli che improvvisamente – e spesso con nostra sorpresa – essi stessi ci rivelavano senza ritegno; qualche volta con sofferenza, spesso con senso di liberazione.

Il motivo di queste inaspettate disponibilità non richieste forse non è stato sempre lo stesso. Penso sarebbe ingenuo credere che il più delle volte ci sia stato, sotto, il desiderio di rientrare nella legalità, il pentimento, la necessità di liberarsi da pesi sulla coscienza. Certo, per qualcuno è stato anche così.

Ma spesso le motivazioni erano altre, erano anche altre: la speranza di ottenere il miglior trattamento possibile, evitando di essere in futuro improvvisamente sorpresi, senza strumenti che permettessero di convincere il giudice dell'inesistenza del rischio di inquinare le prove, di commettere altri reati, rischi alla cui constatazione generalmente segue il carcere provvisorio; un disincantato realismo, un vedere come vanno le cose e accettarne l'evoluzione; qualche volta – è successo – anche la speranza di salvare qualche cosa, di raccontare per poter contemporaneamente celare particolari, che so, un consistente conto bancario, la responsabilità di un amico, o i contatti che avrebbero permesso, passata l'ondata di piena, di ricominciare esattamente come prima.

Peraltro tutti costoro, come molti degli altri indagati, percepivano molto il "desiderio di legalità" espresso dall'opinione pubblica.

Fin dalle prime battute delle indagini, per certi versi inaspettatamente (anche se l'argomento della "questione morale" occupava da tempo ampi spazi nell'informazione), l'Italia si è ritrovata, nel campo della corruzione, di un legalismo rigido e severo. La gente ha sposato il processo, mitizzando chi conduceva le indagini e offrendo tutta la possibile riprovazione a chi ne era coinvolto.

Stupendo anche noi, abituati a operare, nel migliore dei casi, nella generale indifferenza, la gente ha preteso svelamenti, scoperte, che tutto venisse alla luce del sole, e ha voltato le spalle a coloro che fino al giorno prima erano sicuri che, tra legge e potere concreto, avrebbero tutti scelto il potere concreto, o alla peggio sarebbero stati a guardare. No, la gente si è schierata, e chi prima sapeva, per esperienza vissuta, che le indagini si sarebbero fermate, che in qualche modo l'indifferenza avrebbe preso il sopravvento, che sarebbe bastato lasciar passare del tempo perché tutto rientrasse, ha dovuto cambiare opinione.

E, al contrario di quanto avveniva in passato, ha iniziato a provare disagio, a sentirsi fuori posto, a vivere concreti imbarazzi constatando che l'inchiesta proseguiva, che erano stati raggiunti tanti potenti, e che l'opinione pubblica li allontanava, li emarginava, prendeva le distanze.

Una di queste fonti è particolare, assomiglia moltissimo al primo vertice da cui sono partite le indagini.

Un giorno della primavera del 1994 un maresciallo della Guardia di finanza consegna una somma in contanti a un suo sottoposto, dicendogli che è il frutto di una determinata verifica. Il sottoposto, brigadiere Di Giovanni, non capisce, è perplesso, va a rapporto dal suo comandante e gli racconta l'episodio. Il comandante, tenente colonnello Miglioli, riferisce a uno di noi, Raffaele Tito, che per un periodo non lungo si era fatto distaccare a Milano da Pordenone, per darci una mano in materie che già praticava con grande capacità nella sede di origine.

Miglioli ne parla con Tito perché il denaro sarebbe stato versato in relazione ad attività investigative svolte nell'ambito di una *tranche* di indagine che lui stesso stava seguendo; forse lo sceglie anche perché nel passato Tito ha prestato servizio nella Guardia di finanza, e può essere meno imbarazzante affrontare quella che già sembra la prova della corruzione di un componente del Corpo con un ex collega piuttosto che con un estraneo totale.

Raffaele perquisisce il maresciallo, trova altri soldi, lo interroga, non ha spiegazioni, ne chiede, e ottiene, l'arresto. Di lì nasce il filone delle corruzioni di militari della Guardia di finanza: al momento oltre duecento verifiche, inquinate da sotterranei pagamenti diretti a un centinaio tra ufficiali e sottufficiali perché evitassero di scoprire quello che invece andava scoperto.

Forse già lì, senza che nessuno se ne possa accorgere, comincia a formarsi il germe che porterà Antonio a lasciarci. Perché? Perché Mani Pulite è stata considerata finita decine di volte, all'esterno, dagli ambienti oggetto delle nostre attenzioni. È sembrata finita tante volte, all'avvicinarsi dell'estate, quando il ritmo delle indagini, per motivi contingenti, sembrava rallentare. È sembrata finita altre volte quando, ripiegati sulle carte, a studiare, esaminare, analizzare, preparare nuove iniziative, non giungevano all'esterno, anche per pochi giorni soltanto, segnali di nuovi coinvolgimenti. È parsa finita alla conclusione di ogni dibattimento eclatante, come quello, tecnologico, sulla "madre di tutte le tangenti".

E pareva che, a primavera del 1994, si fosse agli sgoccioli. Qualcosa da sistemare, ultimi punti da chiarire; sì, anche il coinvolgimento di nuovi settori, ma per comportamenti di cui era meno sentita, dalla cittadinanza, l'illegalità, o per fatti lontani nel tempo, gravi astrattamente, ma sfumati per la loro vecchiezza.

Non era mai così, per noi, all'interno, ma l'impressione all'esterno era questa. Cronisti giudiziari con l'aria di smobilitazione, che ciondolavano per i corridoi del palazzo facendosi probabilmente domande sul proprio futuro, sulla difficoltà di rientrare nei ranghi a occuparsi di vicende comuni di sangue, piccola droga, della periferia di Milano; riflusso nelle spontanee e inaspettate presentazioni, che per periodi anche lunghi non avvenivano più; inerzia dell'interesse della gente, fastidio in tanti commentatori della carta stampata e dell'etere; convincimento erroneo, da parte di molti, di un certo logoramento della nostra immagine e, soprattutto, della possibilità di proseguire le nostre attività.

Tanto più sembrava finita in quella primavera del 1994, quando nuove forze si erano affacciate sul panorama politico e alcune di esse, prima ancora di vincere, avevano notificato l'insofferenza al controllo giurisdizionale. Nella prospettiva di un quieto decesso di Mani Pulite, i segni di ripresa, mostrati dall'apertura di un nuovo filone, sconcertavano.

A luglio una decisione drastica del nuovo governo: con decreto-legge si impedisce la custodia cautelare in carcere per alcuni reati, soprattutto per quelli di Tangentopoli. Sembrava un momento ideale per introdurre riforme, in un'Italia alla soglia delle ferie distratta dall'Italia di Sacchi, che con difficoltà, rimediando negli ultimi minuti di ogni partita, passava il turno ai mondiali di calcio.

Il decreto, al di là degli effetti reali, appare un segnale: con corruzione, concussione, con Tangentopoli si chiude.

In concomitanza, tra l'altro, con un'operazione a vasto raggio che riguarda il filone Guardia di finanza, arriva il decreto. Impone la scarcerazione di coloro che si trovano in custodia cautelare per i reati per i quali noi procediamo. Ma è ingiusto, il decreto. Introduce discriminazioni arbitrarie tra reato e reato, rendendo talora più gravi le conseguenze di quelli minori: la custodia cautelare in carcere è ammessa per l'estorsione commessa dal privato, vietata per quella del pubblico ufficiale che, per compierla, abusa dei suoi poteri; è ammessa per chi, in udienza, ingiustamente sostiene d'avere corrotto un magistrato, vietata per chi il magistrato l'ha corrotto davvero. È ingiusto, e la nostra costituzione vuole regole giuste.

"È uno schifo, Gherardo, non si può... senti anche gli altri, io sono pronto a dimettermi, dobbiamo fare qualcosa, pensaci anche tu..."

"Vediamo, Antonio, io sono d'accordo, sentiamo anche gli altri, io credo che dovremmo farlo tutti. Questa sera provo a mettere giù qualche cosa, e domani vediamo con gli altri."

"Io mi dimetto, o comunque faccio qualcosa anche se sono da solo... domani vediamo."

Lo stesso accade, più tardi, con Francesco Greco, aggiuntosi a noi nel curare l'indagine l'anno precedente: gli stessi concetti, le stesse intenzioni.

L'indomani mi trovo nell'ufficio di Piercamillo, a rielaborare le quattro righe buttate giù in fretta la sera. Lo schema è quello di sempre: si aggiunge, si toglie, si precisa, con Davigo a calcare la mano e io a cercare di smussare. Arriva Antonio, ha scritto qualcosa anche lui. Si unisce, si taglia, si riordina. Arriva Francesco, si danno i ritocchi finali e si è pronti.

Andiamo dal capo, al quale avevamo soltanto accennato le nostre intenzioni.

Ha appena terminato una conferenza stampa molto conciliante, lo sottraiamo ai giornalisti che lo circondano ancora e gli sottoponiamo il nostro testo. Saverio dà l'impressione di essere un po' spiazzato, per il tenore della sua conferenza. All'inizio si secca un pochino, è sorpreso. Parliamo, e troviamo argomenti che attenuano le prospettate incongruenze tra le sue parole e lo scritto.

Antonio, il simbolo, attorniato da noi sostituti, legge il brevissimo testo: diamo atto di aver subito dato esecuzione al decreto, chiedendo al giudice la scarcerazione di tutti coloro che la nuova legge voleva. Ma non ci sentiamo di applicare norme ingiuste, e chiediamo al procuratore che ci impieghi in settori diversi, ove non si debbano necessariamente creare discriminazioni.

Il commento è uno solo: "Si dimettono da Mani Pulite".

Il dibattito nell'opinione pubblica è vivacissimo; sui quotidiani divampano le polemiche e le critiche al decreto, e un fiume di telegrammi di solidarietà perviene alle redazioni dei giornali e ai nostri uffici in procura.

Nel giro di pochi giorni il governo ci ripensa, il decreto non viene approvato, noi continuiamo il nostro lavoro, come peraltro ci aveva imposto di fare il procuratore Borrelli prima che la modifica legislativa rientrasse.

Abbiamo continuato il nostro lavoro, e l'oggetto delle investigazioni ha continuato, quasi naturalmente, ad allargarsi. Certo, il decreto ha causato qualche ritardo, qualche difficoltà, sia perché ci ha fatto perdere tempo, sia perché ha dato possibilità di contatti, ripensamenti, aggiustamenti di versioni a tanti indagati, e non per tutti si era deciso di insistere per l'emissione di una nuova misura cautelare.

È stato un momento difficile, quello dell'inizio del nuovo filone d'indagine; anche a livello personale, ove allo stupore e allo sconcerto si sono aggiunte ragioni di sofferenze profonde.

Le scoperte di infedeltà di appartenenti alla Guardia di finanza si moltiplicavano, qualche volta coinvolgendo persone che fino a un attimo prima avevo professionalmente apprezzato e stimato, che avevano lavorato con me per lunghi periodi, spesso ottenendo risultati investigativi eccellenti. Avevo talmente fiducia in qualcuno di questi, che faticavo a credere al suo coinvolgimento. E quando alla fine ci ho creduto mi sono illuso che si fosse trattato di un episodio isolato, di un errore, di un momento di debolezza; e ho avuto paura che il sapere di essere stato scoperto provocasse effetti tragici.

"Alessandra, questa sera non so quando torno."

“Perché?... Sono stanchissima, la bambina è agitata, dovresti darmi una mano, vieni presto.”

“È stato arrestato il tal colonnello.”

“Proprio lui, ma è impossibile, così misurato, disponibile, rispettoso...”

“Proprio lui... l’ho fatto cercare dappertutto.Visto il carattere, i rapporti che c’erano, non volevo che facesse qualche cosa di strano. Aspetto che lo portino qui: credo sia necessario interrogarlo subito; non so quando arriva, non so se troviamo subito il difensore, non so quanto durerà l’interrogatorio...”

“Va bene, ho capito. Ciao, arriva quando puoi.”

Il tal colonnello l’aveva conosciuto anche Alessandra, quando imparava da me la pratica del magistrato. Con lui e un paio di sottufficiali una sera fino a tardi eravamo rimasti rintanati in un pulmino camuffato, sotto la casa di un imprenditore che era venuto a denunciare – mesi prima dell’inizio di Mani Pulite e quindi in tempi non ancora maturi – d’essere vittima di una concussione da parte di altri sottufficiali della Guardia di finanza.

Per quella sera era stato fissato l’appuntamento per la consegna del denaro, e io avevo predisposto il possibile per coglierli sul fatto. È prassi costante che le indagini su militari appartenenti a un Corpo siano effettuate dallo stesso Corpo di appartenenza, sull’ovvio presupposto che colui che ha infranto la legge, ha tradito, per primo, il suo Corpo. E allora, se si investiga su un carabiniere le indagini sono effettuate dai carabinieri, se su un poliziotto dalla polizia, se su un finanziere dalla finanza.

Avevamo installato microspie nella casa del denunciante, e ci eravamo appostati nel furgone, ma non era comparso nessuno.

Non era comparso nessuno, e io avevo sospettato che, se il reato era stato commesso, nonostante le precauzioni, qualche cosa fosse trapelato, qualcuno avesse avvertito i possibili concussori. Ma non avevo sospettato del colonnello, così compito, così pronto a rispondere agli ordini, con quella marcata apparenza di brava persona. Avevo creduto che, se il reato era stato commesso, e qualcuno aveva avvertito gli autori, anche lui, come me, fosse stato giocato.

Il colonnello finalmente è arrivato; era notte e attendevamo l’avvocato.

Prima ancora di iniziare l'interrogatorio, di aprire il verbale:

"Signor giudice, mi dica lei, cosa mi conviene fare. Se dico che è vero quello di cui mi si accusa, che cosa succede? Quale potrà essere presumibilmente la pena, potrò patteggiare? E se dico che non è vero, cosa succede, quali sono le conseguenze?".

Io credevo che sarebbe arrivato confuso, disperato nel vedere franare l'immagine che pazientemente aveva costruito di sé negli anni di lavoro comune. Indipendentemente dalla effettiva commissione del fatto. Pensavo che tra indignazione ("ma come può lei pensare, dopo tutto il tempo passato a investigare con lei, che io possa aver fatto una cosa del genere? Come può credere che qualcuno possa rivolgere attendibilmente accuse contro di me?") e rassegnazione ("è vero, l'ho fatto, è stato un momento di debolezza, è successo, mi spiace") non esistessero altre alternative. E invece no; come se fosse la cosa più normale del mondo trovarci di fronte in quelle vesti, così differenti dal solito.

"Lei sa quali sono le sue facoltà, può rispondere o no, e può dire quello che vuole; conosce anche gli elementi a suo carico, e sa quali sono le conseguenze del suo comportamento. È lei il solo a poter decidere il suo futuro."

E intanto, dentro di me, non riuscivo a vincere il disagio, a ignorare la delusione, a non pensare come sia facile sbagliare nel valutare le persone, nell'accordare la propria fiducia. Non tanto per non aver saputo intuire dall'attuale frequentazione, i comportamenti passati, in quanto le variabili sono infinite, e le cause delle nostre risposte talmente diverse tra loro, e diversi i momenti, le circostanze, gli stati d'animo e le possibilità di cambiare, di essere folgorati sulla via di Damasco. Non per quello, quanto per la facilità nel prestar fede alla propria percezione del presente, nell'immaginarsi una persona qual è ora e trovarla diversa adesso, in questo preciso momento. Allora ti domandi qual è la tua capacità, quali sono i parametri, i criteri sui quali ti basi, e ti assale uno sconforto che prescinde dal caso concreto, lo travalica per investire più complessivamente la propria capacità di scoprire l'intimo degli altri.

"Capitano, mi scusi, dovrebbe far venire il maresciallo talaltro, ho bisogno che mi riferisca sulle indagini bancarie che sta conducendo."

"Mi spiace dottore, ma il maresciallo si è dimesso questa mattina."

"Ah... Ma... era disgustato di tutto ciò che sta emergendo, ha deciso di andarsene per quello?"

"No, credo che sia coinvolto anche lui. Credo stia venendo in procura, credo abbia tante cose da dire a Di Pietro."

"Come, anche lui?"

"Eh, purtroppo anche lui."

Ancora a riflettere su come fosse possibile. Anche questo sottufficiale, che aveva lavorato nell'inchiesta sui fondi neri dell'IRI, perdendo giornate e giornate, facendo le notti per ricostruire movimenti bancari, comprendere operazioni complesse, seguire i cambi di mano di libretti di deposito, certificati, buoni del tesoro, scoprire la destinazione di milioni, miliardi sottratti alle società del gruppo. Com'era possibile tanta schizofrenia di comportamento, contemporaneamente esser fedeli e vendersi; nello stesso momento da una parte incastrare chi commetteva delitti e dall'altra commetterne in prima persona! E la condivisione degli ordini, delle disposizioni impartite per il buon fine delle indagini, la soddisfazione espressa per ogni progresso: cos'erano, il risultato di una mistificatrice abilità recitativa o il prodotto di un'effettiva scissione al proprio interno?

Le indagini proseguivano, e venivano continuamente coinvolti nuovi sottufficiali, ufficiali, un generale, e tanti, tanti imprenditori, alcuni dei quali famosissimi, come qualche massimo esponente della moda italiana, o il fratello del presidente del consiglio dei ministri in quel momento in carica, tanti commercialisti, tanti altri operatori del settore delle imposizioni fiscali.

E non proseguiva soltanto il filone degli illeciti degli uffici finanziari. Alcuni ritorni: settori che apparivano definitivamente scandagliati e in ordine ai quali riprendevano invece le presentazioni spontanee tese a raccontare di cose sfuggite o di nuove mazzette. Alcune nuove scoperte: nuovi falsi in bilancio, creazioni di mastodontici fondi occulti, cui venivano date le destinazioni più varie: non raramente, ancora, il pagamento di tangenti, e quindi la corruzione di uomini che vendevano la loro funzione pubblica esercitata per conto di tutti.

Proseguivano i rapporti con l'estero, i reiterati tentativi, le insistenze per ottenere risposta a richieste, vecchie di anni, di avere soprattutto documenti bancari e restituzione di soldi: soldi portati all'estero a mani basse, trasferiti da paese a paese per farne perder le tracce. E ancora richieste per le nuove transazioni scoperte, i nuovi capitali occultati, i nuovi pagamenti inconfessabili. Rare risposte tempestive, soprattutto interminabili attese.

Era esplosa frattanto anche la stagione dei processi, dei giudizi, di primo e secondo grado, le tante condanne, la massa dei rinvii a giudizio e dei dibattimenti in corso, quasi sempre ignorati dalla grande comunicazione, come se ai *media*, e infine alla gente, importasse soltanto l'inizio, non la conclusione del nostro lavoro.

In autunno si verifica un fatto assolutamente imprevedibile. Era stata presentata, tempo prima, una "istanza di rimessione" per una *tranche* del filone Guardia di finanza, per la quale le indagini si erano concluse e avevamo chiesto il rinvio a giudizio. Insomma, un imputato sosteneva che i giudici milanesi non dovessero, per motivi di incompatibilità, giudicare la sua posizione, e chiedeva che il dibattimento si celebrasse in altra sede.

Nessuno di noi aveva dato alcuna importanza all'istanza, apparendo evidente la pretestuosità dei motivi che la sostenevano. Invece, in autunno, la Cassazione decide e devolve il giudizio ai magistrati bresciani. Cadiamo dalle nuvole, l'accoglimento ci pare giuridicamente inconcepibile, e ci preoccupiamo, ci preoccupiamo molto, ritornandoci alla mente le passate pronunce della Corte suprema che avevano avuto come conseguenza di sterilizzare, per un motivo o per l'altro, indagini assai promettenti.

Insomma, sembrava una ripetizione di quanto era accaduto al processo P2, o a quello per i fondi neri IRI. Non che non avessimo fiducia nell'indipendenza e nella professionalità dei colleghi di Brescia. Le questioni erano altre. Innanzi tutto, il principio che i giudici di Milano non fossero considerati sufficientemente imparziali per decidere sulle contestazioni mosse in quel procedimento. Poi il timore di ritardi nella conduzione del processo, necessariamente dipendenti dalla necessità, per i pubblici ministeri bresciani, di impadronirsi del contenuto delle carte, di conoscerle a fondo. E in più il fatto che la decisione, pur riguardando un numero limitato di imputati, sarebbe potuta diventare un precedente vincolante per la miriade di altre posizioni di finanzieri e imprenditori nei confronti dei quali stavamo ancora indagando, cioè avrebbe potuto comportare il trasferimento a Brescia di tutto il settore delle indagini avente a oggetto le corruzioni di appartenenti alla Guardia di finanza; con una conseguente, ovvia caduta di credibilità dei giudici di Milano nel decidere la posizione delle persone coinvolte negli altri settori d'indagine. In conclusione temevamo che, alla lunga, il provvedimento della Cassazione avrebbe potuto impedire, di fatto, la prosecuzione di tutte le indagini delle quali ci stavamo occupando.

Non è stato così, anche, e soprattutto, grazie alla correttezza dei colleghi di Brescia, che si sono uniti a noi nel chiedere la revisione della decisione, ritenendola anch'essi frutto di equivoci. La Cassazione, per motivi formali, ha confermato la prima decisione, ma ha contemporaneamente dichiarato che era stata presa sulla base di dati di fatto che non riflettevano il vero, e ha nella sostanza precluso per il futuro che gli stessi argomenti fossero utilizzati per accogliere analoghe richieste di spostamento della competenza per gli altri processi.

Più o meno contemporaneamente, sempre in autunno, ecco manifestarsi le prime avvisaglie che il ministro della giustizia avrebbe disposto la famosa ispezione, successivamente alla quale saremmo stati accusati, anche formalmente con l'inizio di un procedimento disciplinare, di intimidazione.

Credo che all'inizio ci sia voluto poco perché Antonio e io trovassimo un'intesa sufficiente per gestire l'indagine. Non è sempre facile investigare a più mani, per tanti motivi. Istituzionalmente il pubblico ministero è abituato a lavorare da solo, il che accentua l'individualismo, conseguenza quasi normale dell'indipendenza della professione. Si è abituati a decidere da soli, e il decidere in più d'uno può diventare un problema.

Per noi non è stato così. Grande disponibilità da parte di Antonio, che riconosceva in me la maggiore anzianità, e credo grande disponibilità anche da parte mia, che ritenevo l'inchiesta soprattutto di Antonio, che l'aveva iniziata e condotta da solo nei primi momenti. Peraltro, entrambi avevamo avuto esperienze, anche lunghe, di lavori in *équipe*, e ciò facilitava l'intesa.

Ci sono stati senz'altro dei momenti di dissonanza, e qualche volta sono stati necessari sacrifici – credo da parte di entrambi – perché disparità di vedute o di atteggiamenti, su circostanze marginali, non danneggiassero il risultato del nostro lavoro: veniva comunque abbastanza spontaneo comporre un diverso punto di vista che, quasi sempre, si manifestava su aspetti secondari del merito o del metodo, o sorvolare su particolari di scarso rilievo. L'indagine si estendeva a macchia d'olio, e la soddisfazione professionale di vederla crescere consentiva di mettere da un canto puntigliosità, spigolosità di carattere e a volte diversità di vedute sul come affrontare questioni momentanee, che peraltro pensavo si sarebbero appianate più in là, con il proseguire del lavoro.

Come credo si verifichi in molti rapporti di lunga durata, in qualche occasione è stato necessario esercitare le virtù della pazienza e della tolleranza, per evitare la radicalizzazione dei propri punti di vista, e possibili conseguenze negative sulla nostra solidarietà. È successo, per esempio, che Antonio divenisse esclusivo nel trattare la posizione di alcuni indagati: che tendesse cioè a occuparsi da solo della posizione di costoro. Ovvero che improvvisamente cambiasse atteggiamento sulla situazione cautelare di un indagato, esprimendosi per esempio per la scarcerazione contrariamente a quanto aveva fatto fino a un momento prima; o che, tornando dalle ferie estive, dissentisse su iniziative – di Piercamillo e mie – ancora in tema di custodia cautelare, ritenendole eccessivamente esponenti o inopportune. Poco importava che il gip ci avesse dato ragione, e la decisione di questi venisse poi confermata da tribunale e Cassazione; ovvero che, avendoci dato torto il gip, gli organi giurisdizionali superiori ne avessero ribaltato le decisioni. Ciò si verificava, soprattutto, contestualmente al fatto che qualche organo di stampa, qualche televisione avesse avuto da ridire su alcuni aspetti dell'indagine.

Dato il carattere immediato e irruento, credo fosse irresistibile per lui l'esigenza di condurre personalmente gli interrogatori, mentre lo stesso non si verificava per l'analisi delle carte, dei documenti sequestrati, nell'esame dei quali continuavo a procedere prevalentemente io. Con l'andare del tempo la tendenza era che agli interrogatori degli indagati per fatti di maggior rilievo dovesse provvedere comunque lui. Dopo qualche tentativo di cercare di regolamentare i nostri rapporti interni, che ha ricevuto sfuggenti risposte da parte di Antonio, ho definitivamente preso atto di quella pragmatica ripartizione dei compiti.

Le dissonanze sono state comunque sporadiche ed eccezionali, e non hanno affatto minato la costante abitudine di prendere insieme e d'accordo, Di Pietro, Davigo e io, qualunque decisione importante.

E la maggior parte di esse veniva sdrammatizzata e resa inoffensiva dall'incredibile modo di fare di Antonio, che sarebbe riuscito a farsi perdonare qualsiasi cosa, per la sua particolare capacità di comunicare e di trovare il momento più opportuno di dire le cose. Un esempio. Stavo curando la posizione di due indagati, in custodia in carcere, per i quali, a mio parere, continuavano a esistere esigenze cautelari tali da imporre il permanere della misura. Lui va, li interroga, e senza dirmi niente chiede al giudice la trasformazione della detenzione in arresti domiciliari. L'indomani della decisione del giudice teniamo una conferenza ad alcuni colleghi, sui temi della nostra inchiesta, presso il Consiglio superiore della magistratura. Parlando dell'attività del pool, del modo di gestire congiuntamente le indagini, riferendo dei nostri rapporti, dell'organizzazione, del modo di prendere all'unisono quasi tutte le decisioni, a un certo punto se ne esce: "Certo che non sempre si può fare tutto insieme, non sempre si può comunicare tempestivamente. Ieri, per esempio, ho espresso parere favorevole agli arresti domiciliari di due indagati che Gherardo voleva tener dentro. Glielo dico adesso, dicendolo anche a voi, così non si può lamentare". E le polemiche, che si sarebbero accese altrimenti, sono immediatamente venute meno.

D'accordo ci siamo sempre trovati anche con i capi: Francesco Saverio Borrelli, per tutti Saverio, qualche volta per Antonio, che aveva con lui una confidenza oscillante, "procuratore", o "signor procuratore"; e Gerardo D'Ambrosio. Qualche diversità di carattere, ma la stessa capacità di garantire la nostra indipendenza e di avere un rapporto amichevole, quasi fraterno, nei nostri confronti. Gerardo ha da qualche anno un cuore nuovo, che doveva appartenere a una persona altrettanto generosa, perché il trapianto non ha diminuito le sue immense disponibilità nei confronti degli altri. Proprio per il prevalere del sentimento, è meno "capo" di Saverio, il che non incide sulle sue antiche capacità investigative, ed esalta la profondità nei rapporti personali.

Qualche volta trasparenza e impetuosità gli impediscono qualsiasi misura nei confronti dei giornalisti, cui rilascia dichiarazioni in abbondanza, specie quando si sente punto sul vivo da prese di posizione altrui, o gli pare – il più delle volte non senza fondamento – che realtà emergenti dalle nostre indagini siano da qualcuno presentate in modo distorto o strumentale. Quante volte, credendo che il momento rendesse inopportuna qualsiasi dichiarazione, lo abbiamo invitato caldamente al silenzio! Quante volte, il giorno successivo, aprendo il giornale o accendendo la radio abbiamo letto o sentito le sue parole, esattamente su quello specifico argomento per il quale il silenzio sarebbe stata la miglior risposta! Anche se bisogna dargli atto che nella sua veste di battitore libero, di cane sciolto, che si è cucita addosso, è riuscito in qualche occasione a ristabilire la verità senza che nella polemica giornalistica fosse coinvolto il pool.

Saverio, dalla non comune cultura non solo giuridica, il capo anomalo e singolare, che non rispetta la regola tacita di usar pesi e misure diversi, è più distaccato, ma anche lui, qualche volta, non rifiuta lo stimolo a rimettere le cose a posto, con dichiarazioni di fuoco. L'impressione è che in varie occasioni le sue affermazioni, che hanno suscitato polemiche quasi infinite, siano state dettate dal lucido disegno di garantire la nostra indipendenza, l'indipendenza dei suoi sostituti, frequentemente aggredita in un paese in cui pare non esistano più, per qualcuno, regole scritte e non scritte, e in cui tante volte obiettività e pacatezza lasciano il campo ad arroganza e prevaricazione completamente sganciate dal significato dei fatti.

Tante volte Saverio si è trasformato in parafulmine, accentrando sulla propria persona critiche e attacchi e mantenendo indenni noi, che potevamo così continuare a lavorare in tranquillità; si è trasformato in parafulmine anche quando l'occasione dell'aggressione era un'iniziativa sul contenuto o i tempi della quale non era lui il più convinto.

L'armonia che caratterizza il nostro lavoro non significa universale identità di vedute. Certo, è necessaria una forte intesa di fondo sull'indipendenza, il rispetto delle regole, della proporzione e dell'uguaglianza; è indispensabile la libertà dalle intimidazioni e dagli allettamenti, la trasparenza e la serenità. Ma pur in presenza di questo patrimonio comune possono esistere diversità di vedute, di interpretazione dei fatti; può essere intesa in modo diverso la tempestività dell'azione; si possono dare significati diversi all'estensione di una norma; differente può essere la percezione, e la partecipazione, a situazioni drammatiche che possono accompagnare le indagini. In tutti questi casi le pacate discussioni, le argomentazioni ragionate, gli esempi, i paradossi, i confronti, il ricorso alla logica pura hanno prodotto uguali convinzioni o, assai raramente, l'adesione di uno al convincimento dei più.

È stato così con tutti coloro che si sono alternati, o si sono aggiunti, al così detto pool storico nel corso degli anni. Così con Gemma Gualdi, apparizione brevissima, lavoratrice inesauribile, con così forte senso delle istituzioni da andarsene senza clamore quando, per ragioni che mi sfuggono, le è stato detto di abbandonare le indagini; Elio Ramondini, giovanissimo, al suo primo incarico, ansioso di apprendere; Paolo Ielo, acuto e capace, la polemica innata; Raffaele Tito, disponibile, determinato, disposto a lasciare moglie e bambini per venire dal Friuli, precariamente, a darci una mano; e Francesco Greco, Greco dai tempi lunghi, il più assiduo a lavorar sulle carte, a esaminare bilanci, a incunearsi nelle contabilità sociali per scoprirne mancanze, falsità, duplicazioni. È stato così con la tenace Margherita Taddei, tutte le volte in cui le nostre indagini si sono incontrate con le sue.

Tutti, tutti a mostrare l'attaccamento al lavoro, la subordinazione di sé alle proprie funzioni; e la disponibilità a mandar giù rospi amari, o a sopportare iniziali esclusioni dovute alla poco permeabile solidarietà di noi tre che avevamo iniziato per primi. Blandito taluno, come pure è successo, con la proposta di ministeri di primo piano, quello dell'interno e quello di grazia e giustizia, offeso talaltro con l'insinuazione peggiore, "toghe rosse" (per la verità qualcuno di noi, nella fattispecie Davigo, è riuscito quasi contemporaneamente a essere proposto come ministro dal partito di destra e a essere insieme agli altri apostrofato come "toga rossa"); tutti comunque a dire pubblicamente "no grazie", a evitare con maturata sensibilità istituzionale confusioni di ruoli, a non tenere in conto gli insulti e a proseguire sereni nel proprio lavoro.

Tutti, meno una, individualista, estranea permanente, enigmatica, incomprensibile. Riottosa a confrontare le proprie opinioni, tuttavia istantanea nel raccogliere lusinghe esteriori.

16.

Mani Pulite è proseguita nonostante l'abbandono di Antonio Di Pietro. Molti hanno pensato, altri sperato, che l'allontanamento del simbolo avrebbe comportato la fine del nostro lavoro. Non è stata cosa da poco continuare senza la capacità e la dedizione di Antonio, e non sono mancate difficoltà anche a livello organizzativo: abbiamo, cioè, dovuto redistribuire tra noi tutto il lavoro che stava seguendo. Per mesi infatti non è stato possibile rimpiazzare Di Pietro, a causa dei pressanti impegni dei colleghi occupati negli altri settori (criminalità organizzata, omicidi, droga, rapine, evasioni fiscali e quant'altro), circostanza che ha impedito di distogliere un altro sostituto dalle proprie indagini per destinarlo alle nostre. Siamo andati avanti così per poco meno di un anno, sopperendo alla carenza di persone con l'intensità dell'impegno, risucchiando Francesco Greco, Paolo Ielo ed Elio Ramondini, che avendo già dedicato gran parte del loro tempo alle indagini di Mani Pulite, si sono trovati a non poter fare quasi più altro. Nell'autunno 1995, finalmente, è stata aggregata alle indagini anche Ilda Boccassini, rientrata da un lungo distacco in Sicilia.

Impulsiva, di carattere forte e un po' spigoloso, determinata come forse nessuno, Ilda aveva lasciato Milano – non senza qualche incomprensione con alcuni colleghi, tra cui il sottoscritto – dopo la morte di Giovanni Falcone, cui era legata da rapporti professionali intensissimi. Aveva dato la propria disponibilità, subito accolta, a farsi applicare alla procura di Caltanissetta, competente territorialmente a indagare sulla strage di Capaci. Si era imposta di scoprire gli assassini di Giovanni, della moglie, degli uomini della scorta e aveva raggiunto lo scopo con una rapidità eccezionale, applicando la scientificità investigativa che lo stesso Falcone le aveva insegnato. Dopo una breve parentesi a Palermo, è ritornata a Milano, e le sue capacità professionali, ancor più affinate e profonde, sono state messe a disposizione di Mani Pulite.

Nel frattempo l'oggetto delle indagini si è ulteriormente allargato con l'emergere di nuovi e spesso recentissimi episodi di corruzione, specialmente nel filone delle verifiche fiscali, dei reati attribuibili ad appartenenti alla Guardia di finanza; ma soprattutto si è trasformato, per l'impulso di nuovi accertamenti che hanno portato la nostra attenzione investigativa verso gli aspetti patrimoniali del reato: vale a dire la creazione e la disponibilità dei fondi neri, dei capitali occulti da cui prelevare il prezzo della corruzione da una parte; e la conservazione e l'uso da parte di pubblici ufficiali e politici del denaro ricevuto per vendere le proprie funzioni dall'altra. Si tratta di accertamenti che richiedono tempi molto lunghi, non solo quando si è costretti a chiedere l'assistenza di magistrature straniere.

Infatti per scoprire da dove i soldi sono venuti, o sono andati, in ambito nazionale è necessario esaminare mastodontiche contabilità societarie, individuare rapporti bancari, analizzarli, trovare il sistema per scoprire depositi mascherati, o effettuati tramite prestanome, o celati attraverso operazioni commerciali inventate.

Per procedere nelle stesse ricerche all'estero è necessario innanzi tutto che esistano accordi internazionali con il paese interessato che prevedano l'assistenza giudiziaria (in caso contrario non si può che sperare nell'altrui cortesia); e poi bisogna in concreto trovare la collaborazione dei colleghi stranieri, non sempre disponibili a scegliere comportamenti che potrebbero crear loro difficoltà con gli altri poteri locali, se non addirittura con la stessa organizzazione istituzionale del loro paese, quando l'economia di quest'ultimo si basa o sulle capacità di attrarre denaro da parte di un sistema bancario rigorosamente muto alle ragioni della trasparenza, o sulla garanzia di poter utilizzare società di comodo per dissimulare operazioni commerciali inesistenti, senza potere, di regola, essere scoperti.

Ci è stata negata più volte assistenza con motivazioni bizzarre: per esempio che la corruzione è un reato "politico", e come tale non suscettibile di costituire oggetto di collaborazione internazionale; oppure che la magistratura locale è troppo impegnata nell'amministrare la giustizia interna per potersi interessare delle richieste provenienti dall'estero, e così via. Ma anche quando i trattati ci sono e la disponibilità dei colleghi è massima (come è avvenuto, soprattutto da parte del procuratore generale Carla Del Ponte, in Svizzera), mille intoppi procedurali rendono virtuale la tempestività dell'assistenza straniera, e le risposte arrivano anche dopo anni dalle richieste, quando chi vi ha interesse ha avuto tutto il tempo per spostare i suoi capitali in luoghi più sicuri o per costruire ad arte spiegazioni fasulle su proprietà e trasferimenti.

Anche in Italia le indagini finanziarie non hanno sempre vita facile, e ci è capitato più volte di scoprire i tradimenti di dirigenti e funzionari di istituti di credito che, allo scopo di prevenire le iniziative della magistratura, avevano letteralmente falsificato le carte per ostacolare la ricostruzione di movimentazioni ingenti, o per evitare l'attribuibilità a questo o quell'impiegato pubblico, dei milioni o dei miliardi che aveva ricevuto occultamente, ovvero per far perdere le tracce della destinazione di considerevoli importi usciti dai fondi neri di importanti società.

Forse perché manca il simbolo, Antonio Di Pietro; certamente per la natura delle nuove investigazioni che meno possono essere oggetto di spettacolarizzazioni attraverso la curiosità o lo scandalo creato attorno al nome dell'indagato, per qualche tempo le indagini diventano meno evidenti e suscitano minor interesse nella stampa e negli altri media. E progressivamente, giorno per giorno, si nota insinuarsi con costanza una disaffezione, quasi una insofferenza verso le nuove scoperte e il progredire delle investigazioni. Non è un fenomeno che riguarda tutti, perché per la strada, attraverso il telefono e il fax, o tramite gli inviti a partecipare a dibattiti su legalità e giustizia che provengono da tutta Italia e da molti paesi stranieri, l'interesse delle persone comuni della cosiddetta società civile e degli osservatori stranieri è sempre lo stesso. Ma per il "palazzo" è diverso.

Salvo alcune rilevanti ma sporadiche eccezioni, il mondo che conta matura, con spostamenti quasi impercettibili ma continui, una specie di avversione a Mani Pulite, quasi che il continuare a mettere a nudo l'illegalità diffusa infastidisca, disturbi, rappresenti un intralcio per la politica e per la gestione della cosa pubblica.

Non è tanto quel che viene fatto, ma quello che non si fa ad essere significativo, benché sia quanto meno avvilente per Borrelli, D'Ambrosio, Greco, Davigo, e per me, dopo decine d'anni di lavoro in cui abbiamo espresso senza tentennamenti il senso della nostra autonomia, e siamo pertanto stati fortemente esposti al rischio di attacchi, senza mai ricevere tuttavia nemmeno un appunto, vederci scaricare addosso a palate procedimenti disciplinari e denunce penali.

Tuttavia impressiona e delude la coscienza civile, prima ancora di mortificare l'impegno professionale, il fatto che in questi quattro anni non sia stata adottata una legge, un provvedimento che faciliti le indagini o che renda più difficile, per quanto è possibile, la corruzione.

Non una misura per modificare i controlli, per renderli effettivi; non un provvedimento che tenda ad allontanare dalla pubblica amministrazione coloro che per decenni hanno venduto la propria funzione, ma soltanto rare, approssimative iniziative per favorire il recupero del maltolto; nessuna, o poche e solo apparenti indagini amministrative, controlli interni alle istituzioni per verificare comportamenti dei funzionari, regolarità degli appalti, responsabilità; e ancora assenza totale di interventi politici per fare rientrare i capitali illecitamente trasferiti all'estero. Qualche volta nasce anche il sospetto che persone poco prima scoperte a svolgere attività di mediazione tra corruttori e corrotti, e condannate per questo, abbiano tranquillamente ripreso a compiere le stesse attività.

Quando segnali del genere sono più forti, viene da domandarsi se non sia stato raggiunto un tacito *gentlemen's agreement*, che in modo inespresso preveda che Mani Pulite debba essere lasciata morire, dimenticata. Ma, soprattutto, che nulla vada fatto per cambiare le cose.

Tutto questo "niente" lascia disorientamento e sfiducia. Rende difficile superare la stanchezza di tanto prolungato sforzo investigativo e morale, considerati i sistematici e spesso ingiuriosi attacchi cui siamo stati sottoposti. Sconcerta perché è lampante, per chi ricopre incarichi istituzionali e dispone di incisivi strumenti di analisi e di valutazione, quanto il sistema che abbiamo scoperto sia devastante, e sia causa di incommensurabili danni per tutti.

Se, almeno apparentemente, a qualcuno può far gioco, per il proprio personale interesse, che nulla si muova, per tutti gli altri, che parrebbero essere i più, e a maggior ragione per chi è investito di compiti istituzionali di rappresentanza, la corruzione dovrebbe essere qualche cosa da cui liberarsi al più presto.

Gli stessi strumenti di informazione credo abbiano avuto interesse più a comunicare gli aspetti esteriori del sistema delle tangenti, piuttosto che il suo effettivo contenuto, e di conseguenza non si sono sforzati di analizzarne e diffonderne le implicazioni negative a livello economico, isituzionale e anche culturale. Questi argomenti sono rimasti oggetto di dibattiti di risonanza limitata, talvolta tenuti tra addetti ai lavori, frequentemente sollecitati dalla curiosità di gruppi di cittadini che, nelle più svariate sedi e occasioni, organizzavano incontri per capire e approfondire, con ciò dimostrando una sensibilità ben diversa da quella delle sedi istituzionali. Con il passare del tempo, la percezione della gravità delle conseguenze del continuo mercimonio della funzione pubblica è sfumata. Ed è parso quasi che i media, e per quanto ne potesse essere influenzata la cittadinanza, fossero più interessati a conoscere nomi piuttosto che fatti, titoli di reato piuttosto che comportamenti, sicché i resoconti delle nostre scoperte si sono trasformati in un terribile gioco di superficie, nel quale raramente ha trovato spazio un livello di analisi profondo.

Le conseguenze, i danni della corruzione, sono passati in secondo piano, e forse non è stato casuale. La disaffezione verso il nostro lavoro è stata forse momentanea, ma la superficialità della percezione degli effetti della corruzione continua tuttora. E siccome le regole non hanno giustificazione in sé, ma per quello cui tendono, sarà bene riportare alla mente quegli effetti, quei danni, che le regole, punendo la corruzione, cercano di evitare.

La prima puntualizzazione, necessaria per i frequenti fraintendimenti di una parte dell'opinione pubblica, riguarda il fatto che le tangenti, contrariamente a quanto sembra avvenire, non le paga l'impresa, bensì l'ente pubblico cui è preposto il funzionario infedele che le riceve. Ciò è lampante quando la tangente mira a eludere un controllo, a nascondere situazioni o disponibilità, come succede se un finanziere accetta cinquanta milioni per non accorgersi di un'evasione fiscale di cento. Ma lo spostamento del costo si verifica anche in caso di appalti, e cioè quando la tangente è pagata per la stipulazione di un contratto. Infatti il suo ammontare è recuperato di regola attraverso collaudati sistemi, come la revisione dei prezzi (durante l'esecuzione dell'opera il costruttore chiede, e naturalmente ottiene, che il corrispettivo sia elevato lamentando, per esempio, l'aumento del costo delle materie prime), le varianti in corso d'opera (improvvisamente ci si accorge che il contratto per la costruzione di un ospedale non prevedeva, per esempio, l'installazione di alcuni ascensori: si integra l'appalto originario e il costo degli ascensori viene determinato a parte, calcolandolo con larghezza) o l'impiego di materiali in quantità minore o meno pregiati e meno costosi (chi si è impegnato ad asfaltare una strada con un manto di tre centimetri ne posa soltanto due e mezzo) o l'uso di tecnologie meno raffinate. Il pagamento del prezzo della corruzione non costituisce quindi un onere per l'imprenditore, ma è una causa di incremento del costo dell'opera, e perciò della spesa pubblica, un danno per la collettività facilmente quantificabile.

Seconda puntualizzazione: se la tangente è pagata dall'imprenditore per acquistare i favori di politici e funzionari, è sempre l'ente pubblico, e quindi la collettività, che paga anche il prezzo di tale favore. Per esempio, la pubblica amministrazione dispone la costruzione di opere inutili, che spesso rimangono incompiute, solo perché queste rappresentano il veicolo attraverso cui far transitare la tangente; altre volte per ricambiare il favore rappresentato dal pagamento di una tangente, assegna un appalto a un'impresa meno idonea di altre, ottenendo un risultato di mediocre quando non addirittura di pessimo livello (se si costruisce un'autostrada con un manto d'asfalto meno spesso di quanto sarebbe necessario, questa si deteriorerà più rapidamente; si dovrà intervenire per ripararla prima di quanto si sarebbe potuto fare se l'autostrada fosse stata costruita a regola d'arte; mentre se viene decisa la costruzione di un'opera pubblica del tutto inutile, il suo costo rappresenta solo un onere per la collettività, dal momento che da quell'opera essa non ricava alcun vantaggio).

Fatti del genere non costituiscono casi isolati, anzi. L'Italia, soprattutto il sud, è disseminata, di opere pubbliche incompiute (scuole, piscine, strade, palestre), la cui costruzione è stata iniziata e mai condotta a termine, e di cui la collettività non ha mai potuto usufruire pur avendo sopportato i costi della loro parziale realizzazione. Opere spesso rovinose per l'ambiente e il paesaggio. E quanto della cementificazione, delle conseguenti continue alluvioni, dell'inquinamento dell'acqua e dei mari, di cervellotici piani di urbanizzazione è dovuto al sistema delle tangenti?

Spesso la contrattazione e il pagamento della tangente comportano il dilatarsi a dismisura dei tempi di realizzazione dell'opera. La stipulazione di un contratto pubblico, le complesse e a volte artificiose regole previste dalle leggi, richiedono già di per sé un tempo piuttosto lungo. Se, parallelamente alla procedura ufficiale, si instaura una trattativa occulta tra l'ente pubblico e le imprese interessate, destinata a far conseguire alle parti dell'illecito contratto il profitto più alto possibile, quella stessa stipulazione richiederà tempi molto più lunghi. Talvolta è proprio il meccanismo utilizzato per trasferire il costo della tangente sull'ente pubblico a imporre la dilatazione dei tempi di realizzazione dell'opera: se l'ultimazione di questa avviene con grande tempestività, come è possibile ricorrere credibilmente alla revisione del prezzo?

Il diffuso sistema della corruzione comporta il progressivo deteriorarsi del modo di agire della pubblica amministrazione che, popolata da funzionari interessati più a conseguire vantaggi personali che non il pubblico interesse, finisce per operare senza tenere più conto delle regole di efficienza e imparzialità che devono ispirarne l'intervento.

I risultati complessivi sono immaginabili, se si considera che, oltre alla corruzione che riguarda grandi opere e grandi appalti di competenza degli enti pubblici di maggiore rilievo, esiste una corruzione quasi bagattellare diffusa su tutto il territorio e praticata nel contesto dei più svariati rapporti tra pubblico e privato (nel campo delle corruzioni destinate a consentire l'abusivismo edilizio, per esempio, sembra consolidata la prassi secondo la quale il pagamento di tangenti di importo non elevato evita qualsiasi controllo e permette di costruire o modificare in modo del tutto abusivo, con danni per l'ambiente, la collettività e per lo stesso erogatore dell'illecito pagamento, quando quest'ultimo è rivolto a eludere disposizioni indirizzate alla sua salvaguardia, come quelle che lo tutelano dai rischi di terremoti, frane, alluvioni e così via).

Data la costante consuetudine ad accompagnare i contratti pubblici con i pagamenti illeciti, l'ammontare complessivo delle tangenti pagate in Italia, nel corso di un anno, potrebbe essere stimato, per difetto, in almeno l'uno per cento del complesso delle somme movimentate da stato, regioni, province, comuni, enti pubblici economici, di servizi e assistenziali in occasione di contratti di costruzione e fornitura di cui gli stessi siano stati parte. Una cifra enorme.

Il sistema danneggia anche le imprese. Il loro patrimonio non consiste soltanto nel possesso degli strumenti, dei materiali e della tecnologia, ma anche in una grande professionalità. Se le regole attraverso le quali i lavori vengono assegnati prescindono dalla professionalità, questa tende a diminuire progressivamente, superata da una sempre più collaudata e perfezionata capacità di corrompere. Conseguentemente, offrendo prodotti e servizi dequalificati, le imprese tendono a essere emarginate e le conseguenze, se non si manifestano nell'ambito del mercato protetto ove abitualmente operano, sicuramente si evidenziano nel mercato internazionale.

È successo di constatare più volte che i dirigenti di imprese di settore (per esempio, quelle che costruiscono ospedali) si sono riuniti per pervenire ad accordi perversi: si spartiscono preventivamente la vincita degli appalti (usando tutti i marchingegni necessari per raggiungere lo scopo, compresa la corruzione dei funzionari preposti alle gare perché consentano il gioco), e se qualcuna di esse resta esclusa dalla preventiva assegnazione, perché il numero degli appalti è insufficiente ad accontentare tutti, la si "indennizza" con la corresponsione di una somma in danaro: evviva la concorrenza, evviva il liberismo!

Il sistema produce, in sostanza, eccezionali danni per l'economia nazionale, nella quale non si può più ritenere vigente il regime del libero mercato: le regole della concorrenza vengono stravolte e le imprese corruttrici possono operare quanto meno in situazione di oligopolio.

Un aspetto fondamentale del fenomeno è rappresentato dalla costituzione da parte delle imprese corruttrici della provvista da cui attingere per effettuare i pagamenti illeciti. La provvista è alimentata da fondi neri, cioè capitali occulti non contabilizzati e quindi, a voler ricordare un ulteriore danno di questo sistema, sottratti al pagamento delle imposte.

Solo raramente, e in genere soltanto per le imprese di piccole e medie dimensioni, i fondi neri sono costituiti in Italia. Nella stragrande maggioranza dei casi essi sono invece formati all'estero, attraverso una tipica sequenza di rapporti che si snodano tra imprese, fiduciarie e banche aventi sede in stati dell'Europa occidentale o in stati *off-shore*. Un facile esempio può essere rappresentato dal caso di società estere, generalmente *off-shore*, che emettono fatture relative a consulenze prestate a imprese italiane che intendono costituire fondi neri. Le consulenze in realtà non vengono rese e il controvalore delle fatture, emesse per operazioni inesistenti, viene accreditato presso una banca sita in un paese dell'Europa occidentale e successivamente trasferito attraverso operazioni bancarie estero su estero o nella disponibilità dell'impresa italiana ovvero direttamente nella disponibilità del corrotto.

L'esistenza di fondi neri non provoca soltanto la sottrazione di risorse all'imposizione fiscale (e quindi l'aumento delle pretese dello stato verso gli altri cittadini), ma anche danni al mercato e all'organizzazione dell'impresa che li ha prodotti. La loro costituzione e il loro uso si scontrano con le disposizioni di legge dettate per tutelare libertà e trasparenza del mercato, disposizioni che rappresentano valori per tutti, anche per le imprese, perché possano operare nel mercato grazie alla propria capacità, professionalità e tecnologia.

Peraltro, è anche all'interno della società che l'uso di fondi neri crea rilevanti scompensi. Tutte le volte (e sono tante) in cui si utilizza parte del nero per pagare occultamente alcuni dipendenti, per esempio, si stravolge qualsiasi gerarchia tra costoro: l'amministratore che vuole utilizzare la società a fini propri senza render conto ai soci del proprio operato, compra i dipendenti situati nei posti chiave perché seguano le sue disposizioni, indipendentemente da qualsiasi rapporto gerarchico, fuori da qualsiasi lealtà nei confronti della società. E quando parte dei fondi è destinata al finanziamento illecito di partiti, colui che costituisce il collegamento con chi riceve il denaro, acquista all'interno dell'impresa eccezionali posizioni di potere sostanziale, perché il materiale datore instaura rapporti privilegiati, talvolta esclusivi, con il politico che riceve e che può, con il suo comportamento, influenzare le future possibilità di lavoro della società, le aliquote delle imposte cui sono assoggettati i suoi prodotti, l'ammontare dei canoni dei servizi che fornisce, il prezzo di ciò che vende, quando si è in regime di prezzi controllati.

Senza contare che spesso parte dei fondi neri va ad arricchire occultamente e illecitamente gli amministratori (che con ciò danneggiano i soci) o i soci di maggioranza (che con ciò danneggiano i piccoli azionisti), e parte va ad alimentare il sotterfugio, l'imbroglio, l'apparenza: si sovvenzionano testate e giornalisti perché parlino bene dei propri prodotti al di là della loro qualità, o perché favoriscano una scalata, una fusione, un investimento indipendentemente dalla loro convenienza; si restituiscono sottobanco soldi ai clienti, per sottrarli alla concorrenza, o ai partner di un affare, perché questo non sia mandato all'aria anche quando non è produttivo.

Qualche volta, poi, i fondi extra bilancio servono anche a mantenere rapporti di buon vicinato con organizzazioni criminali che controllano il territorio più incisivamente dello stato.

Anche la circolazione del profitto della corruzione è avvenuta frequentemente all'estero, e ha interessato società o istituti di credito residenti in paesi stranieri. Sono centinaia, forse migliaia i miliardi che stiamo cercando di recuperare su conti correnti stranieri, essendo andati a ingrossare i patrimoni personali di alcuni corrotti, che in tal modo hanno ottenuto arricchimenti illeciti notevolissimi.

Tante altre volte il denaro è finito nelle casse di partiti politici: quando i politici e i funzionari che hanno gestito l'affare non ne hanno approfittato, *en passant*, per incrementare la propria personale ricchezza, sono stati gratificati, dall'ambiente di provenienza, con la patente d'essere stati estremamente onesti.

Ma non sono solo le ruberie e i costi economici per la collettività a costituire lo sfacelo rappresentato da Tangentopoli. C'è dell'altro, che considero ancora peggio. È il tradimento continuo del proprio incarico, della propria funzione, del proprio mandato. È la sostituzione costante con l'occulto delle regole che dovrebbero valere per tutti. È la sovversione dello stato di diritto, perché viene tolta al cittadino qualsiasi affidabilità dei rapporti economici, politici e sociali, e i piani dell'esistenza si sdoppiano; un livello apparente in cui tutti si è uguali e un livello reale, dove si è diversi, estremamente diversi. Esistono le regole formali che dovrebbero valere per tutti e che si applicano invece soltanto a chi non si compromette con il palazzo, ed esistono altre regole, non scritte, sostanziali ma occulte, le regole del sotterfugio e dell'intrallazzo, che vigono per chi fa parte del sistema sotterraneo della corruzione. In questo contesto proprio i politici e i funzionari che, non avendo "rubato per sé", hanno mantenuto intatta la loro rispettabilità, hanno contribuito a creare le conseguenze peggiori.

Infatti, la disponibilità di somme enormi da parte di alcuni partiti politici, senza che ciò fosse noto al complesso dei cittadini, ha reso non più imparziale lo scontro tra le forze politiche, in quanto alcune di esse hanno avuto più forza delle altre in virtù di un sistematico ricorso all'illecito, e ha indotto i propri rappresentanti a svolgere le loro funzioni tenendo conto della necessità del partito di appartenenza di aumentare la propria disponibilità finanziaria anche attraverso il loro comportamento scorretto, incurante delle regole di trasparenza, imparzialità ed efficienza che dovrebbero presiedere allo svolgimento delle funzioni del pubblico amministratore, e in contrasto con gli interessi del paese. Inoltre, all'interno del partito, si è verificato il rischio, che spesso si è trasformato in realtà, che il potere venisse acquisito non tanto per le capacità politiche quanto per le capacità di raccogliere denaro da versare nelle sue casse.

Così, le relazioni nel palazzo, più di una volta, sono state inquinate dal ricatto: da parte degli esponenti politici (e dei burocrati) al corrente delle malefatte degli altri, non ancora emerse dalle indagini; da parte degli imprenditori nei confronti di politici e burocrati, che hanno "tenuto in mano" tutti coloro di cui hanno comprato, senza che lo si sappia, dignità e funzioni.

Perché paia che qualcosa cominci a muoversi deve passare del tempo, e le prime iniziative, subito contrastate da molti, provengono guarda caso da Antonio Di Pietro, divenuto ministro.

17.

Dell'arcipelago della Maddalena avevo visto soltanto l'isola principale, la Maddalena appunto, una ventina di anni prima. Ci avevamo fatto una gita, mentre eravamo in vacanza in un campeggio nei pressi di Santa Teresa di Gallura, e avevamo passato una giornata su una spiaggia che ricordavo bellissima, quando Simone non aveva ancora due anni. L'anno passato, 1995, Francesco Greco, che frequenta l'isola da tempo, ci ha convinti a trascorrervi una quindicina di giorni.

La Maddalena è davvero bellissima, e bellissime sono le isole che la circondano, buttate qua e là nello stretto, le bocche di Bonifacio, che separa la Sardegna dalla Corsica. E ancora più bello è il mare, con i fondali dalle mille gradazioni di azzurro, blu e verde, che un'acqua tersissima consente di vedere fino a profondità altrove impensabili.

Un pomeriggio di luglio, Francesco, che è ancora a Milano, mi telefona: "Sembra che una persona abbia delle cose da dirci molto interessanti. Proverò a prendere i primi contatti, ne parliamo a fine settimana, quando arrivo". Il fine settimana Francesco arriva alla Maddalena, e precisa meglio che c'è la possibilità che una signora possa riferirci alcune cose importanti per le indagini. Ancora non si sa bene che cosa, ma la settimana successiva o lui (tornando a Milano e quindi ritardando l'inizio delle vacanze) o io (che avrei per questo dovuto rientrare prima) avremmo potuto ascoltare le dichiarazioni di questa persona e renderci conto di quello che aveva intenzione di dirci. Decidiamo che sarà lui a tornare e, se non ricordo male, a metà della settimana successiva mi richiama: "Si tratta di qualche cosa che potrebbe essere risolutivo per le nostre indagini. Non ti dico nulla per telefono, quando torno lì ti spiego tutto".

Questa signora sarà il vertice di un nuovo filone investigativo, portato avanti nella massima segretezza per sei mesi, fin quando è clamorosamente emerso nel marzo 1996. L'origine si sarebbe sviluppata attraverso una serie di indagini, condotte soprattutto da Ilda Boccassini, che avrebbe fatto emergere una serie di passaggi di denaro destinati questa volta, secondo l'ipotesi accusatoria, ad alcuni magistrati della sede di Roma.

Di queste nuove scoperte e dei loro seguiti non si può ancora parlare, si tratta di fatti troppo recenti.

Ma la continua reiterazione delle scoperte dimostra che non esistono alternative per Tangentopoli. O se ne esce, o le vecchie abitudini torneranno a essere la rigida regola dei rapporti tra cittadino e pubblica amministrazione.

Non risulta che nelle prassi delle burocrazie quest'ultima strada sia stata abbandonata, nonostante le momentanee difficoltà, gli ostacoli e i rischi che incontra chi la percorre; Mani Pulite ha messo soltanto in dubbio che si tratti della strada maestra, ma perché si trasformi in un viottolo percorso soltanto di notte, col cuore in gola, da sporadici sventurati, c'è ancora molto da fare, non solo, e non soprattutto, da parte di chi investiga e giudica.

Alle indagini deve essere consentita la loro fine naturale, che si verifica quando non c'è più niente da scoprire: in caso contrario coloro che ancora non sono stati condannati riceverebbero il messaggio che possono continuare a comportarsi come hanno fatto fino a ieri, e si moltiplicherebbero le occasioni di ricatto. Una conseguenza del genere seguirebbe all'emanazione di un provvedimento di amnistia.

Ma la continuazione delle indagini, la loro incentivazione nelle sedi giudiziarie meno sensibili, l'introduzione di strumenti che le rendano più veloci sono solo il presupposto perché, altrove, si faccia quel che è necessario: nella scuola e nella vita, per recuperare il senso della legalità, il senso vero, espressione dell'intimo più profondo, il senso secondo il quale i comportamenti si tengono non perché esiste una legge che li impone o li vieta. Nelle istituzioni, nella pubblica amministrazione, per indurre l'idea che la pubblica funzione – sia essa politica o amministrativa – va esercitata come servizio per gli altri e non come privilegio per sé, il partito o "gli amici"; e per impedire che chi si ostina a informare la propria condotta al sistema della corruzione possa raggiungere facilmente i suoi scopi.

È un percorso lungo e difficile: per il profondo radicamento della filosofia del privilegio e della prevaricazione in tutti gli strati sociali; perché non ha precedenti nella storia della repubblica; perché comporta anche costi, all'inizio.

A meno che non si creda sia meglio tornare all'antico. In tal caso nessuno può attendersi spiegazioni e giustificazioni: avrebbero trionfato il delitto e il sistema della gestione occulta del potere.

18.

Mi chiedo spesso come la gente abbia vissuto la vigilia delle tragedie del mondo. Me la immagino, fisicamente la vedo infilata nei suoi vestiti eleganti, neri o tendenti allo scuro, nei raffinati caffè di Vienna appena prima dello scoppio dell'ultima guerra mondiale, a parlare di frivolezze tenendo nella mano un bicchiere di champagne, inconsapevole del proprio destino, incapace di captare i segnali che il futuro le stava inviando.

Immagino la superficialità della decadenza, il perdersi a inseguire cose da niente mentre dietro l'angolo stava avanzando l'orrore, che avrebbe coinvolto tutti, chi direttamente, chi per via traversa, senza salvare nemmeno quella borghesia di cui erano parte, e che guardava al domani come se il cataclisma potesse avvantaggiare tutti loro. Certo, qualcuno avrebbe potuto trovar giovamento dal dramma. Quei pochi che nei loro imperi imprenditoriali potevano vantare fabbriche di armi, quelli che avrebbero potuto convertire la loro attività per approfittare della guerra.

Ma gli altri, miopi, ciechi ad aspettare un evento che li avrebbe feriti, distrutti, colpendoli negli affetti più cari, nella casa, nella stessa esistenza. E quell'ebbrezza, quella stolida ebbrezza per l'apparente porto franco rappresentato dalla guerra, oblio delle regole, dimenticanza di diritti e libertà, in cui tutto è azzerato, buttato sul tavolo verde di un crudele gioco d'azzardo nel quale non vi è garanzia, se non la fortuna e, ancora, la forza. Sonno della ragione, e sopravvento degli istinti animali, rifiuto della storia, di quella parte di storia in cui l'uomo pazientemente, a fatica, passando per dolorose contraddizioni ha cercato di costruire qualche vivere civile: non calpestarsi, sapere e voler stare insieme senza prevaricarsi.

Non lo capivano certo, ponendosi di fronte al loro futuro, non lo capirono in molti. Quante volte ho pensato lo stesso per il nostro presente. Quante volte le immagini di un lontano passato, che non ho mai vissuto, mi sono sembrate attuali. Non per la guerra, qui, per noi, comunque lontana, ma per l'abbandono della ragione; per la rivolta contro il vivere sociale.

È stato lungo il percorso verso la comprensione, anche se alla fine, guardandomi alle spalle, la strada è apparsa semplice.

Non capivo all'inizio della mia professione, trovandomi di fronte ai sequestri di persona, conosciuti da giudice, in collegio penale, dovendo insomma decidere le colpe e le pene. Non capivo quella sopraffazione. Non capivo come si potesse arrivare a privare della libertà, a escludere dagli affetti, dalle altre persone, a umiliare qualcuno per avere denaro, per tanto che fosse.

Nelle campagne intorno Milano ho visto le celle attrezzate per segregare eventuali ostaggi. Loculi angusti, cunicoli di nudo cemento, corridoi di tre metri per niente, scavati sotto terra, nei quali è impossibile ergersi in piedi, che hanno costituito per mesi l'intero universo dei segregati. E se non bastasse, la psiche di questi sottoposta a continue torture, per ottenerne la soggezione completa. E non capivo il comportamento normale dei carcerieri, nel vivere la vita di tutti i giorni come se nulla esistesse. Alzarsi, accudire le vacche, lavorare nei campi, tornare, pranzare, uscire di nuovo, tornare, cenare, badare ai bambini, coricarsi con le proprie consorti, e come intermezzo aprire una botola, calarsi in un buco profondo, bussare a una porta, imporre all'ostaggio di impedirsi la vista, porgergli il pranzo, richiudere la porta, tornare al livello del suolo, e chiudere la botola, celarla agli sguardi indiscreti, e poi continuare la vita normale, proprio come se nulla d'altro esistesse. E anche al processo, normali, senza alcuna vergogna, senza un ripensamento, un gesto di scusa.

Non capivo più tardi, da giudice istruttore, gli intrighi e gli inganni, l'occulto, i ricatti di cui si nutriva la loggia P2. Non capivo la bramosia, il compromesso, lo scavalcare qualunque valore, qualunque rispetto di sé e degli altri, pur di ottenere, e poi mantenere, denaro e potere.

E ancora non capivo Sindona, gli allettamenti prima, le minacce, gli attentati e infine la morte, l'omicidio gratuito, per conservare cose già perse.

Non capivo la protervia e l'arroganza di chi si appropriava delle cose di tutti, gestendo, nell'IRI, patrimoni immensi. E non capivo la vendita sistematica della propria funzione, e della funzione degli altri, da parte dei dipendenti pubblici e dei politici che mercificavano in massa ogni bene, ogni valore, per avere denaro, per avere più potere all'interno del proprio partito, per avere e dimostrare potere sugli altri.

Non capivo i comportamenti ambigui di vari colleghi, che parevano non accorgersi, non vedere, non comprendere, non collegare, non dedurre, non essere curiosi, non interessarsi, non avere stimoli nella ricerca, e concludevano sminuendo, minimizzando, sorvolando, archiviando.

Dietro a tutti il potere, la voglia, la fame di denaro e insieme di potere. O il desiderio di compiacere il potere, come in un anelito a esserne contagiati.

Non capivo. Non so se adesso ho capito davvero, mettendo in relazione il potere e la morte.

Il senso di fine che si respirava nelle buie e nebbiose serate autunnali, a Renate, anticipazione delle angosce d'adulto; la percezione di essere finiti, del destino di dovere morire; la disperazione, l'impulso di voler fuggire la morte; l'immaginazione; e la nostra parte selvaggia rifiuta, cerca una strada per negare la morte.

La morte è annunciata in ogni vivente, ciascuno la vede, come anticipazione della propria sorte, in ogni essere umano, ed è consapevole della sua ineluttabilità.

Non è possibile imbrogliarsi, mentirsi quanto al destino degli altri. Per quanto si ricorra alla fantasia e all'immaginario, non si può eludere, non si può nascondere una circostanza che viene confermata ogni giorno dall'informazione, dalla perdita di amici, dal venir meno delle persone più vicine e più care. Ma per la morte propria è diverso, non avendola mai sperimentata.

L'irrazionale si divincola dall'esperienza degli altri. Quasi inconsapevolmente partorisce un'inesistente via di salvezza. Respinge la constatazione più semplice, che le persone che ci circondano muoiono tutte. E si chiede se gli toccherà lo stesso destino. Qui si insinua l'assurdo: ma io, io sono proprio uguale agli altri?

Se si riconosce la nostra uguaglianza, non c'è via di scampo. Ma per quanto la si voglia disperatamente negare, non si riesce a mentirsi fino a quel punto. L'esperienza obbliga a ritenere che tale destino è comune a tutti.

Subdolamente, qui si insinua il potere. L'unica speranza di salvezza si fonda sul disconoscere quell'uguaglianza: chi può di più, chi ha più potere, è diverso dagli altri. Tanto più se può condizionarli, comandarli, soggiogarli. Diventa evidente, manifesto: può quello che gli altri non possono.

Tanto maggiore è il potere, tanto più grande è il distacco, la differenza. Chi può determinare il destino degli altri, mentre questi non possono determinare il suo, appare a se stesso diverso. Il potere avvicina alla condizione di Dio, fa più simili a lui, che determina il destino degli uomini, a Dio che è immortale. La corsa al potere è la corsa verso l'illusione di essere immortali.

Ma quale potere? Il potere derivante da una carica, temporaneo, che passa, che si trasferisce ad altri ciclicamente, il potere governato da regole, sottoposto a controlli, i quali in qualsiasi momento possano evidenziare gli abusi, le distorsioni e gli eccessi, insomma, il potere legale di un moderno stato di diritto?

No. Quel potere non rende sufficientemente diversi. La differenza sta proprio nella possibilità di fare quello che gli altri non possono, nel non essere sottoposti a controlli: nell'uso arbitrario di tale potere; nel rifiutare di essere sottoposti alle regole.

Alla fine, a render diversi è l'arbitrio, meglio ancora se ammesso e consentito da chi lo subisce. Proprio lì è il trucco! Che gli altri vedano, capiscano, e condividano quell'esser diversi. Perché se esiste anche per gli altri, allora la differenza è vera, e diverse potranno essere anche le conseguenze del proprio essere umani. L'affannosa ricerca del potere si identifica con l'ultima, la più grande ribellione alla condizione dell'uomo, la più ottusa.

Poco importa delle esperienze degli altri potenti, nei confronti dei quali ha sempre vinto la morte. Di tutti coloro che sono passati, stravolgendo il destino di popoli, clamorosamente causando inutili guerre, generando evitabili odi, indirizzando in cunicoli chiusi, in destini senza strade d'uscita; di coloro che hanno subdolamente tramato, mistificato, tessuto pazientemente una tela per coprire con il falso il vero, per modificare la realtà, per scambiare le parti tra gli interpreti della vita e far apparire giustificato il sopruso.

Questo gioco, infatti, non ha alcun rapporto con la realtà. Serve a ingannare se stessi, a fuggire dall'essere umani: troppo pesante è la consapevolezza di essere finiti, e il senso di vuoto che ne consegue va riempito perfino con il ricorso a impossibili giochi di prestigio che la mente svelerebbe in un solo secondo.

Ma anche la mente alimenta l'inganno. Anzi, fornisce alla selvaggia ribellione contro l'essere umano gli strumenti e i pretesti, e diffonde l'impalpabile nebbia necessaria a celare l'assurdo.

Com'è facile tentare la strada della propria diversificazione, della separazione dagli altri! Quante volte si cerca di riempire ogni possibile spazio lasciato vuoto da chi ci circonda, e di strappare gli spazi che costoro già hanno occupato, per riempirli d'arbitrio. L'illusione non è riservata a pochi, seduce chiunque non intenda resistervi, diviene matrice comune delle possibili ricerche di sopraffazione e privilegio, in qualunque contesto, a qualunque livello. E separa, allontana dal genere umano. L'arroganza completa, verifica, testimonia lo spessore della separazione.

Tuttavia, alla fine, si è nudi. L'inconsistenza, la fragilità, la solitudine appresa nell'affacciarsi al mondo dei grandi, esistono ancora, sotto l'anestesia del potere. E si muore lo stesso.

19.

Già intorno ai quindici, sedici anni, Renate diventava stretto, per me e i miei fratelli. Era sempre piacevole passarvi dei giorni, delle settimane, ma non era più la stessa cosa. La nostra crescita aveva ridotto anche gli spazi esterni, che d'altra parte avevano subito un continuo, implacabile ridimensionamento per la costruzione di nuove case, di nuovi opifici, di nuove officine.

Le strade polverose di un tempo venivano sostituite da uniformi nastri d'asfalto, e prendevano il posto delle vecchie vie consortili, dei vecchi sentieri, due strette e profonde scanalature nell'erba, prodotte dal continuo passaggio dei carri, con al centro una striscia di terra nuda, dovuta al calpestio di cavalli, asini, buoi e contadini. Questi, le vie consortili, i sentieri, non servivano più, non prendevano il posto di nulla, avevano finito la loro funzione, sparivano, morivano.

Moriva la Bevera, il ruscello, poco più di un rigagnolo, nei cui punti più larghi (due metri, tre metri?) andavamo d'estate, bambini, condotti dal nonno, a bagnarci. La tersissima acqua che scivolava tra campi di grano, di fieno e boschetti di robinie e sambuco, la tersissima acqua popolata di rane, ranocchi, gamberetti di fiume, veniva via via soffocata da schiume, solventi, scarichi vari.

Le pulsazioni della cascina si facevano sempre più deboli e rade: nascevano decine di industrie, talora destinate a fallire nel giro di mesi, che cambiavano il destino degli uomini. Spesso in meglio per loro, per le loro comodità personali. Lentamente, ma inesorabilmente il Tornago si svuotava, i contadini diventavano operai. Chi poteva, chi aveva messo da parte qualcosa, chi faceva fortuna costruiva, d'intorno, villette. I più sprovvisti di mezzi, chi aveva avuto l'aggravio delle famiglie più numerose, traslocava nei nuovi condomini che crescevano ancora d'intorno, non tanto lontano dalla vecchia cascina, per restare in contatto con il pezzo di cuore che era rimasto laggiù.

Quasi nessuno coltivava più i campi, e chi lo faceva si era attrezzato con macchine, poteva da solo sfruttare la terra della quale avevano vissuto tutti gli abitanti della cascina.

Morivano le serate nei portici intorno alle pannocchie, morivano le chiacchierate estive sull'erba, vicino ai fiaschi di vino. Arrivava la televisione, e morivano le tradizioni orali, le favole, le storie inventate ma anche le gesta, i pezzi di vita che avevano continuato a rivivere ogni volta che venivano raccontati. I nostri amici di un tempo seguivano il destino dei padri, finite le medie, talvolta anche prima, interrompevano gli studi e "andavano in fabbrica".

Le auto e gli scooter, Vespa e Lambretta, rompevano i limiti degli spazi, si intessevano nuove amicizie in paesi fino a poco prima quasi stranieri.

In quegli anni moriva anche il nonno, motore della vita di prima, tanto quanto la nonna ne era il rifugio e la quiete. Un pomeriggio di marzo, di sole e di nubi, perdeva la guerra contro la sua malattia, lasciando un po' orfano ciascuno di noi.

Progressivamente diminuiva l'interesse per il cortile e aumentava, fino a diventare esclusivo, quello per il giardino. Un interesse diverso dal passato, fatto di giochi a nascondino, arditi innalzamenti di vacillanti capanne, interminabili partite di calcio tra piante di pero e di melo. Un interesse da grandi, verso il tennis costruito da poco, verso amici diversi, che avevano potuto continuare gli studi, diversi da quelli di prima.

Se ne andava una parte di noi, sostituita da un'altra. Si cambiava, ci si preparava a nuove stagioni, ci si preparava agli impegni. Ma rimaneva la memoria di quel che si era stati, la memoria di come si era cresciuti, la memoria di ciò che ci era stato insegnato, il filo comune della propria coerenza anche in momenti di vita diversi. Rimanevano le radici e gli spunti. Rimanevano le intuizioni, le prime scoperte, rimaneva la voglia di essere se stessi, portandosi dietro la paura del buio e la voglia di non snaturarsi per nasconderla.

Conseguenze

Ho esposto un percorso, cercherò di esporre alcune riflessioni che ne sono derivate, un po' "allo stato degli atti", e cioè tenendo conto che si è sempre in viaggio: si fanno dei passi avanti, si può tornare indietro, non si riesce sempre a comprendere tutto e forse non si arriva mai alla fine. Cerco quindi di comunicare lo stato dei miei pensieri, ponendo soprattutto una serie di interrogativi, per quanto possibile sistematizzati.

Volendo parlare di regole, credo che un punto di partenza sia quello di cercare di riflettere sull'uomo e quindi su ciascuno di noi, perché qualche volta succede di spersonalizzare a tal punto che i concetti diventano vuoti.

Per esempio, quando si parla di mafia, è importante riempire il termine: di persone, di coloro che della mafia fanno parte, di coloro che hanno una lunghezza d'onda cerebrale che consente di farvi parte o che, quantomeno, consente di essere indifferenti ai comportamenti mafiosi. Partire dall'uomo.

È opportuno chiedersi come mai i poteri criminali hanno tanta forza mentre il potere legittimo, quello che almeno sulla carta è scelto da tutti, insieme, è così debole, anche nei confronti dei poteri criminali. La risposta a questo interrogativo coinvolge l'esistenza di convinzioni. I poteri criminali sono forti perché alla fine, sotto sotto, godono di un consenso notevolmente maggiore di quanto potrebbe apparire. Coloro che partecipano, ma anche coloro che rimangono indifferenti, in qualche misura ammettono, giustificano, danno legittimazione.

Perché danno legittimazione ai poteri criminali piuttosto che al potere che deriva dall'accordo, dal cosiddetto patto sociale? Propongo una possibile chiave di lettura. Credo si tratti soprattutto di modelli culturali, e cioè di proposte di soluzione dei propri problemi contingenti, del proprio modo di essere e di esistere su questa terra, di essere uomo, in una parola di proposte di vita.

Se si cerca di valutare le differenze tra il sistema di regole che si è costruito legittimamente e il sistema delle regole che comunque esistono anche nelle società criminali, si scopre che spesso queste ultime sono più rigorose, più severe, più applicate. Nella mafia, per esempio, esiste la pena di morte, e la sentenza sarà comunque eseguita, anche a distanza di anni: è ineluttabile.

Personalmente, sono stato convinto per molto tempo che ciò che trascinava verso il potere criminale fosse rappresentato dall'insofferenza verso le regole, dalla voglia di trasgressione. Non credo più che sia così. Ciò che attrae è altro, si identifica nella finalità per raggiungere la quale le regole vengono introdotte. È a causa del fine proposto che le regole delle società criminali vengono volontariamente e liberamente accettate, comunque non contrastate. La questione è lì. L'adesione alle regole dipende da quel che viene proposto come risultato della loro osservanza.

Quanto viene proposto in una società criminale è l'ottenimento di privilegi.

La differenza tra società basate sul patto secondo il quale tutti coloro che vi partecipano possono godere degli stessi diritti in cambio della sottomissione alle stesse limitazioni e società che operano attraverso sistemi criminali consiste in questo: le prime tendono all'uguaglianza, le seconde al privilegio, nei rapporti interni dei capi rispetto ai gregari, nei rapporti esterni degli aderenti rispetto agli estranei, a tutti coloro che di quella società non fanno parte. Le prime dunque tendono all'armonia, le seconde al conflitto.

Si può togliere consenso alle seconde e darlo alle prime? Credo si tratti soprattutto di proporre modelli culturali accettabili, più accettabili di quelli proposti dalle società criminali. Ciò non è facile in una società come la nostra, nella quale pare prevalere nettamente il principio dell'affermazione dell'individuo a tutti i costi, e quindi a discapito di chiunque e di qualunque altro principio confliggente.

Nella società attuale, infatti, il dogma dell'assoluta espansione individuale a discapito degli altri è talmente radicato che persino le parole hanno assunto significati equivoci, o pluralità di significati talora incompatibili tra loro, e quando si perde il significato delle parole è ovviamente più difficile comprendersi, e diventa quasi impossibile comunicare. Al termine libertà, per esempio, si attribuisce frequentemente il contenuto proprio del termine arbitrio.

Ciò nonostante, vale comunque la pena di approfondire il discorso.

Nell'ambito delle moderne democrazie (nei regimi totalitari o dittatoriali la questione è diversa) forse non esiste altro paese come l'Italia in cui lo stesso concetto di regola richiami quello di sofferenza così marcatamente. La regola, quasi per tutti, rappresenta un limite e basta, qualche cosa che toglie qualcos'altro, soprattutto quando essa non tende a riconoscere privilegi a discapito degli altri. Le regole di un'associazione criminale, per quanto pesanti, obbligatorie, spietate, sono accettate perché consentono di prevaricare e di porsi in una situazione di dominio sugli altri, su coloro che a tale associazione non partecipano. Consentono, quelle regole, di taglieggiare, di appropriarsi dei beni altrui, di vendicarsi di torti veri o pretesi, di ammazzare. Certo, anche quelle regole richiamano la sofferenza, ma si tratta di una sofferenza molto ben retribuita, e quindi assai più sopportabile rispetto alla "sofferenza e basta" che pare essere il contenuto della regola della società civile.

Ma è proprio così? Le regole dirette all'uguaglianza e non al privilegio non danno proprio nulla in cambio? Che sarebbe come dire: sono utili soltanto le regole che introducono privilegi? L'affetto o l'insofferenza nei confronti della legalità dipendono – a mio parere quasi esclusivamente – dalla risposta che si dà a questa domanda.

Pur limitandosi a discorsi schematici, bisogna partire da lontano, mettendo in conto per di più il rischio che alcuni passaggi possano risultare, per qualcuno, ovvi o addirittura banali.

Essendo gli uomini molto imperfetti, e quindi assai limitati, hanno molti bisogni.

Le principali necessità fisiche sono evidenti. L'uomo deve sfamarsi (e quindi ha bisogno di cibo), dissetarsi (ha bisogno di acqua), ritemprarsi (ha bisogno di sonno). È esposto agli attacchi delle intemperie, deve coprirsi per vincere il freddo, difendersi dai raggi del sole, ripararsi dal vento e dalla pioggia. Può ammalarsi.

Non sa muoversi rapidamente né volare; la sua voce e il suo udito sono deboli, e può comunicare soltanto da vicino; ha bisogno di luce, e di una buona vista.

È molto difficile rendersi conto di tutti questi limiti, e del fatto che ci sono bisogni che non possono essere soddisfatti. Ma soltanto ammettendoli si entra nella propria dimensione umana. Se ci si paragona a qualcosa che uomo non è, per esempio un essere immortale, capace di volare, di leggere nel pensiero, di essere contemporaneamente in più posti, ci si identifica in qualche cosa che non si è. Non c'è nulla di più inutile e dannoso dell'identificarsi in qualche cosa che, come uomini, non si può essere. Anche il progresso, la realizzazione di ciò che soltanto poco tempo prima sarebbe stata considerata un'utopia, parte dall'esatta percezione di sé. Peraltro, è dannoso anche considerare intollerabile la stessa esistenza del limite.

Ciò vale anche per il fatto di dover morire. L'angoscia esistenziale deriva dall'essere estremamente precari e sicuramente a termine: non è negando di essere mortali che quell'angoscia può essere superata.

Oltre a questi bisogni fondamentali l'uomo ha, anche fisicamente, esigenze di affetto. Dipende dalla madre e dal padre nei primi mesi di vita, non soltanto perché lo accudiscano, ma anche perché gli comunichino appunto l'affetto, del quale si nutre quasi come del cibo. Crescendo, il bisogno d'affetto non scompare, ma è un elemento decisivo nel determinare le scelte, e quindi i comportamenti, dell'uomo: affetto verso un partner, verso gli eventuali figli, verso gli amici e i conoscenti.

Il bisogno, peraltro, non si esaurisce nelle esigenze d'affetto, perché vanno soddisfatte anche le esigenze connesse alle nostre parti invisibili, all'anima o all'energia di cui siamo dotati, a seconda dei punti di vista.

Alcuni di questi bisogni possono essere soddisfatti esclusivamente vivendo con altri; alcuni si soddisfano meglio se si sta con gli altri; alcuni non possono essere completamente soddisfatti, ma insieme agli altri sono meno gravosi o meno intrinseci. L'uomo si è dato un linguaggio con il quale comunicare e attraverso la divisione del lavoro è riuscito a progredire come altrimenti non avrebbe potuto fare, dotandosi di mezzi e strumenti per muoversi più rapidamente, comunicare a distanza, curare molte malattie, e così via. Stare con gli altri, e cioè vivere insieme, è dunque per l'uomo, nella stragrande maggioranza dei casi, positivo: lo aiuta a vivere meglio. La società, quindi, è un valore per l'uomo.

O meglio, la società è un valore a certe condizioni. Dovendo servire l'uomo, è un valore soltanto se raggiunge questo scopo; ed è un valore soltanto se rispetta l'essenza di ciascuno degli uomini in funzione del cui soddisfacimento è creata. Insomma, la società ha una valenza positiva in quanto è in grado di soddisfare le esigenze di coloro che ne fanno parte senza, per questo, umiliare qualcuno di loro.

Il concetto di società è indivisibile dal concetto di regola. Qualsiasi tipo di associazione presuppone delle convenzioni, perché altrimenti non potrebbe esistere. Talora le convenzioni, le regole, sono talmente radicate, e talmente ovvie, che si è persa la percezione della loro esistenza. Per esempio, normalmente sfugge che quando due persone si danno appuntamento, il fatto di incontrarsi dipende dall'osservanza di almeno due regole: quella relativa alla misurazione del tempo in giorni e ore, e quella dell'affidabilità delle parole pronunciate.

Quanto si è detto per la società vale per le regole. Le regole in sé sono neutre, e la loro valenza dipende dal contenuto. Le regole che governano le società criminali hanno valenza negativa non per ragioni morali, etiche o di principio, ma perché non soddisfano le esigenze dell'uomo, ma le esigenze di alcuni uomini a scapito di tutti gli altri.

Le regole, dunque, hanno valenza positiva quando organizzano la società in modo che questa possa servire l'uomo, e cioè il complesso degli uomini, ovvero ciascuno degli uomini che vi fanno parte, senza che alcuno sia sacrificato alle esigenze degli altri. Anche qui, non per motivi etici, morali o di principio, ma perché risponde alla funzione della società che le regole abbiano tali contenuti.

Credo che di ciò possano essere dati spunti di dimostrazione.

Se la società è un valore, è positivo quanto tende a conservarla e a consolidarla, ed è negativo quanto tende a disgregarla. L'impostazione del rapporto sociale sul privilegio è elemento di disgregazione, perché ha come presupposto e come risultato la creazione di conflitti. E i conflitti comportano emarginazione e spirito di rivincita. L'emarginazione ha come conseguenza l'inutilizzabilità delle capacità di coloro che vengono messi da parte; lo spirito di rivincita ha come conseguenza l'instabilità e la violenza.

Storicamente, credo si possa affermare che le aggregazioni sociali basate sul privilegio abbiano alimentato da sé la propria disgregazione. Certo, regimi dittatoriali, stati assoluti o organizzazioni di casta, ordinamenti che dividevano le persone tra liberi e schiavi hanno anche avuto vita lunga, ma paradossalmente il loro progredire, l'avvicinarsi allo scopo sociale è stato proprio il motivo della loro fine.

Dal punto di vista evolutivo, il cammino dell'uomo è coinciso – pur tra mille contraddizioni, ripensamenti, arretramenti – con un progressivo ampliamento di confini. Si è transitati, passo dopo passo, dal considerare nemico chiunque non facesse parte del proprio gruppo, della propria tribù, al riconoscere, almeno formalmente, un'appartenenza comune a tutti gli uomini, quella appunto al genere umano. Ciò è dipeso, a mio parere, anche dalla continua modificazione del rapporto tra le diverse parti che convivono dentro di noi: via via che la parte che caratterizza l'uomo rispetto a tutti gli altri viventi (essere razionale e ragionevole, avere memoria, avere capacità di progettazione) è andata rinsaldandosi e prevalendo, senza soffocarla, sulla parte che l'uomo ha in comune con gli altri (l'istinto, le paure ancestrali), si è contemporaneamente allargato il senso della comune appartenenza.

Nel quadro delineato è possibile interpretare rapporti sociali e rapporti interpersonali in modo dinamico. Mentre il principio di supremazia porta a una concezione statica (è possibile che cambi la supremazia, ma il rapporto è sempre quello, c'è chi sta sopra e può e comanda, c'è chi sta sotto e non può e ubbidisce), il riconoscimento di appartenenza allo stesso genere porta a una concezione dinamica, perché la supremazia, quando c'è, è occasionale e reversibile. Con macroscopiche conseguenze non solo concettuali. Solidarietà, per esempio, cessa di essere sinonimo di carità e riacquista il significato di collante del tessuto sociale, disponibilità nei confronti di chi si trovi in momenti difficili non come sottolineatura della differenza esistente, ma come riconoscimento dell'appartenenza alla stessa comunità, e quindi della reciprocità del comportamento anche a parti invertite.

L'Assemblea costituente, nel ridisegnare il quadro di riferimento dell'ordinamento giuridico italiano appena usciti dal modello autoritario fascista, vi ha posto a base un principio, ovvero una constatazione, che coincide assolutamente con il concetto di società armonica. Se si analizza la Costituzione, ci si accorge che una sola regola è causa e giustificazione di tutte le altre, quella che sancisce l'uguaglianza tra tutti i cittadini. Riconoscere l'uguaglianza vuole dire optare per una società al servizio dell'uomo alla quale è vietato, per il perseguimento del fine di servire l'uomo, contraddire i diritti fondamentali di ogni singolo uomo che compone la società. Tutte le altre regole, che non si risolvano in una semplice affermazione di principio (tipo la norma sulla bandiera), sono strumento di realizzazione dell'uguaglianza, e quindi della società a valenza positiva. Così la tutela del lavoro, dello studio e della salute sono strumentali all'uguaglianza perché soltanto se sono garantiti lavoro, istruzione e salute si può essere uguali.

Lo stesso vale per le norme che appaiono limitative. Quando si afferma, per esempio, che l'iniziativa economica privata non può contrastare con l'utilità sociale e non può svolgersi in modo da recare danno alla sicurezza, alla libertà, alla dignità umana, si applica il principio di uguaglianza (e quindi di rispetto del singolo) alle materie di cui la Costituzione si occupa concretamente in quel punto, perché si stabilisce che nessuna iniziativa può entrare in conflitto con la promozione, o la possibilità di vita, di ciascuno dei componenti la società. Apparentemente limitative, dicevo, perché il limite appare o scompare a seconda del punto di osservazione. Per intendersi: dato per scontato che l'uomo ha bisogno di preservare aria, acqua, la natura che lo circonda, perché dovendo respirare, bere, mangiare, ritemprarsi, l'aria, l'acqua e la natura sono per lui un bene, costituisce un limite impedire che tali beni siano compromessi, o non è invece una prevaricazione (e in questo caso sì un limite per tutti coloro che devono sopportarla) consentirne la compromissione?

Lo stesso vale anche per le norme procedurali, quelle che fissano la strada attraverso la quale formare le leggi, individuare chi le può formare, individuare chi governa, stabilire come deve essere amministrata la giustizia e così via. Perché se queste ultime norme consentissero fratture nella cittadinanza, e quindi riconoscessero maggiori o minori poteri ad alcuni rispetto agli altri, nella formazione e nella gestione delle regole, l'uguaglianza verrebbe irrimediabilmente infranta nella sua concretezza. Certo, non è detto che le regole di procedura inserite nella Costituzione siano le uniche possibili, che siano immodificabili. Qualunque modifica, però, stravolgerebbe il senso della carta fondamentale dello stato se trascurasse di realizzare, anche in tale campo, l'uguaglianza.

Poiché il sistema costituzionale italiano è rigido e gerarchico, e le leggi ordinarie e tutti i provvedimenti normativi non possono entrare in conflitto con la Costituzione, pena la loro esclusione dall'ordinamento, ne consegue che qualsiasi legge, qualsiasi norma deve essere indirizzata all'attuazione dell'uguaglianza: il complessivo sistema giuridico italiano coincide dunque con il concetto di società armonica al quale ho fatto riferimento. Almeno formalmente, perché spesso il legislatore non è stato capace, o non ha voluto tradurre nel prodotto della sua attività il principio fondamenale su cui si basa lo stare insieme degli italiani.

Qualcuno intende l'uguaglianza come sinonimo di piattezza, e la interpreta così radicalmente da escluderne la compatibilità con qualsiasi differenza. L'uguaglianza viene così a coincidere con l'oggettività, e in tale impostazione la soggettività assume una valenza negativa. Ora, se una certa dose di oggettività è indispensabile (è necessario, per esempio, un linguaggio comune per potersi intendere), il riconoscimento dell'uguaglianza non consiste nel tendere a essere fotocopie uno dell'altro. Riconoscimento dell'uguaglianza e possibilità di essere diversi non contrastano, e anzi l'essere diversi è fondamentale per crescere ed emanciparsi. Tra le possibili diversità vi è anche l'essere "speciali": chi corre più di tutti è speciale rispetto a quelli che vanno più lenti di lui. La linea che divide specialità e privilegio è qualche volta molto evanescente, ed educare se stessi alla ricerca della misura nello stare con gli altri (e prima ancora con se stessi) passa soprattutto attraverso il confrontarsi con tale demarcazione, cercando di coniugare l'uguaglianza con il fatto obiettivo che siamo diversi e abbiamo capacità diverse. Insomma, non è utile radicalizzare il significato delle parole, tenendo conto che il rapporto uguaglianza-diversità costituisce uno dei problemi più rilevanti quanto alla pratica dei propri principi di riferimento. I quali pure possono non essere per tutti gli stessi, purché si convenga su alcuni canoni fondamentali, che in ultima analisi possono essere ricondotti a uno, quello di riconoscersi tutti come facenti parte della stessa specie.

Perché la società serva l'uomo, diversità e specialità non devono generare sperequazioni. Per intendersi, chi corre più veloce non dovrebbe per questo avere maggior diritto alla salute di chi corre più lento. Contemporaneamente, chi corre più veloce dovrebbe avere tante possibilità di farlo quante possibilità ha di dedicarsi alla sua specialità chi eccelle in altri settori (sempre dando per scontata l'intangibilità del rispetto e delle opportunità degli altri).

Se le regole di una società armonica servono all'uomo, danno una risposta positiva alle sue domande esistenziali, gli consentono di emanciparsi e di vivere meglio, non si capisce il perché dell'insofferenza nei loro confronti, tanto più se si considera la loro relativa leggerezza rispetto a quelle assai più cogenti che caratterizzano una società criminale o – il che fa lo stesso – dittatoriale. Ciò è tanto più incomprensibile quanto più si pone a confronto il trattamento riservato alle regole rispetto a quello rivolto a qualsiasi altro strumento destinato a soddisfare esigenze e bisogni dell'uomo. Il cibo, per esempio, soddisfa il bisogno di sfamarsi tanto quanto la regola soddisfa il bisogno di socialità: ebbene, salvo casi assolutamente eccezionali (che vengono spesso considerati devianti, e quindi riprovati), il cibo gode della massima considerazione tra gli uomini, prepararlo è sovente considerata un'arte, e ci si ingegna a scoprire tipi di cottura, condimenti e quant'altro possa esaltare il rapporto che ogni giorno si instaura con lui. In sintesi, il cibo è bene. Lo stesso vale anche per strumenti con i quali il rapporto è frequentemente doloroso, come la medicina. La medicina è bene.

Per la regola la valutazione è spesso opposta, la regola di una società armonica è male. Ed è male nonostante che, a ben pensarci, sia lo strumento più malleabile da parte dell'uomo, quello sul quale l'uomo può intervenire con maggiore libertà, perché fame, sete, salute e via dicendo sono da soddisfare attraverso modalità più rigide rispetto alla socialità.

È un'osservazione ovvia rilevare che il soddisfacimento delle esigenze del mangiare, del bere, del dormire e del curarsi non necessita generalmente sanzioni. Non è necessaria sanzione perché esiste una convinzione generalizzata secondo cui sfamarsi è bene, dissetarsi è bene, ritemprarsi è bene e così via. Ed è altrettanto ovvio che non necessiterebbero sanzioni per ottenere il rispetto delle regole se le stesse fossero ritenute un bene. Certo, non sarebbe esattamente la stessa cosa: i rapporti sociali sono più complessi dei rapporti con le gli altri strumenti che servono a soddisfare le esigenze fondamentali dell'uomo; le trasgressioni alle regole non hanno sempre conseguenze ineluttabili e immediatamente visibili; la modificabilità delle regole presuppone la loro valutazione, anche negativa, e tutto ciò favorisce la devianza. Una certa dose di costrizione sarebbe pertanto necessaria, contrariamente a quanto si verifica riguardo al cibo, alle bevande, al sonno e così via. Ma le differenze sarebbero marginali, perché la stragrande maggioranza delle persone seguirebbe le regole in quanto convinta che sia utile farlo, e la costrizione, l'imposizione, verrebbero esercitate soltanto nei confronti di minime frange di devianti.

Il problema è dunque quello di recuperare la convinzione dell'osservanza delle regole che disciplinano una società armonica. Recuperare il senso dell'utilità delle regole, al punto che il loro uso, così come avviene per qualsiasi altro strumento che soddisfa i bisogni dell'uomo, sia legato più alla gioiosità che alla sofferenza, più alla serenità che alla cupezza.

Come in tutte le cose, per capire come raggiungere lo scopo occorre analizzare le cause della situazione attuale. Perché si è perso il senso di utilità delle regole?

Una chiave di interpretazione fa esclusivo riferimento al singolo. Poiché il singolo è assolutamente libero di crearsi le proprie convinzioni, le sue convinzioni personali dipendono esclusivamente da lui. Se le convinzioni sono erronee e contraddittorie, il singolo non può che lamentarsi con se stesso per la propria superficialità, per la scarsità dell'approfondimento, per la sua indisponibilità, insomma, a verificare la coerenza delle proprie convinzioni con il proprio interesse. Si dia pertanto da fare, si analizzi, veda quali sono le sue reali esigenze (ma quelle vere, non quelle apparenti) e si comporti di conseguenza, convinto che quello che fa serve a quello che vuole. Insomma, se l'uomo ha perso il senso di utilità delle regole è perché non ha svolto la sua funzione nei confronti di se stesso, e ha lasciato che altre convinzioni prevalessero. In questa chiave, la regola ha assunto valenza negativa per miopia.

L'interpretazione che ho ora esposto è alimentata dagli atteggiamenti di chi, nel corso di convegni, incontri e dibattiti, è propenso ad addossare completamente la colpa dell'attuale stato delle cose su coloro che gestiscono la cosa pubblica, sui potenti, su chi ha corrotto e si è lasciato corrompere. Costoro si sentono vittime della malvagità altrui, ma il loro atteggiamento è quello dello spettatore impotente, che non partecipa al gioco, che non ha strumenti per incidere, per far pesare il suo punto di vista, per comunicare ad altri (compresi i malvagi potenti) le proprie convinzioni e convincere a sua volta chi gli sta intorno. Un atteggiamento del genere il più delle volte è in contraddizione con la realtà ed è comunque soltanto distruttivo e assolutamente pessimista.

È in contraddizione con la realtà perché qui, in Italia, viviamo in uno stato di diritto, in cui il cittadino, non solo indirettamente, ha la possibilità di partecipare alla gestione della società; perché la cosa pubblica, le istituzioni non sono figure astratte e impersonali, ma sedi riempite da componenti della cittadinanza, che esprimono mediamente quel che la cittadinanza è nel suo complesso; perché non esiste, e non può esistere in nessun luogo che una società di osservanti delle regole esprima come propria dirigenza dei devianti, non avrebbe nemmeno un bacino entro il quale sceglierli, e comunque questi, anziché promossi, verrebbero emarginati e riprovati.

È distruttivo perché comporta un chiamarsi fuori: sono gli altri che possono fare, tutto passa sulla mia testa, io non ho responsabilità. La linea di demarcazione che divide la società dell'armonia e la società del privilegio, benché precisa, può essere facilmente scavalcata: basta non partecipare, non assumersi le proprie responsabilità perché si passi, senza bisogno di prevaricazioni e violenze, dalla prima alla seconda.

È pessimista perché non concede alcuna fiducia alla persona.

Ma c'è anche dell'altro. I convincimenti si formano attraverso la sperimentazione e l'emulazione. Si prova a mantenere un comportamento e si constatano le conseguenze; si osserva il comportamento degli altri e si vede cosa ne segue. Le parole, i discorsi, le affermazioni di principio hanno senso quando sono coerenti con quanto si desume dai fatti, altrimenti, per quanto logiche e consequenziali, rimangono vuote o sono addirittura mistificanti: a lungo andare sono inutili, quando non persino dannose. Ebbene, credo che coloro che si sono genuinamente affidati al ragionamento e alla logica e sono giunti a valutare positivamente la legalità sono stati frequentemente delusi e si sono trovati spesso spiazzati. Hanno constatato che il più delle volte l'osservanza della legge non ha prodotto utilità, e che talora è stata causa di danno.

Ci troviamo, infatti, in Italia, in una situazione singolare. Esistono due mondi e due ordinamenti. L'ordinamento disegnato dalla Costituzione appartiene talora al mondo dell'apparenza. Certo, sulla carta il principio di uguaglianza è il cardine, la pietra angolare del sistema, ma il più delle volte soltanto sulla carta. Perché per qualcuno le regole sono diverse. Non per tutti, solo per chi può e vuole, anche soltanto occasionalmente. Non palesemente, perché in linea di principio l'ordinamento è quello ufficiale, ma solo per chi non può, o non vuole, nemmeno occasionalmente. Faccio soltanto tre esempi, in tema di corruzione: se vuoi vincere un appalto la regola espressa è che devi essere il più competitivo, sia sotto il profilo della professionalità che sotto quello dei costi; la regola occulta è "paga il funzionario o il politico e avrai l'appalto"; se hai una controversia civile, la regola espressa per ottenere il miglior risultato è quella di affidarsi a professionisti preparati, mettendo nel conto che la causa si può anche perdere, la regola occulta è "paga il giudice, paga i periti, paga i testimoni e la causa la vincerai anche se hai torto"; se vuoi evitare una contravvenzione stradale, la regola espressa è quella di non infrangere le disposizioni sulla circolazione, la regola occulta è "infilati qualche banconota nella patente, chi ti controllerà farà finta di niente". Certo, non è sempre così, esistono tanti funzionari onesti, tanti giudici onesti, tanti agenti della stradale onesti. Ma troppe volte è così, al punto che le infrazioni alla regola espressa sono diventate, soprattutto in certi ambienti, a loro volta "regola".

Non deve generare equivoci il fatto che ho tratto gli esempi dal fenomeno della corruzione. La doppiezza dell'ordinamento esiste in molti altri aspetti della vita sociale, nei quali frequentemente l'occultamento delle regole reali è assai più marcato. Ne è stato un esempio la loggia P2, con la doppia obbedienza degli iscritti: da una parte al partito o all'istituzione di appartenenza, dall'altra al giuramento prestato a un'associazione segreta. Ci si deve chiedere perché nella stragrande maggioranza dei casi, o forse sempre, i funzionari dei servizi segreti che hanno depistato le indagini sulle stragi sono risultati iscritti alla loggia P2.

Se l'analisi è esatta, l'insofferenza verso le regole dipende molto, in Italia, dalla cultura. Nel senso che negli ultimi anni si è imposta una cultura del privilegio da ottenersi attraverso la violenza (come nel caso della mafia) o attraverso il sotterfugio e l'imbroglio. Una cultura che si autoalimenta perché è spesso pagante: dà risultati. Per la verità più apparenti che reali, perché il debito pubblico è impressionante, gli ospedali non funzionano, bisogna monitorare l'aria per vedere se la si può respirare, l'acqua è in molti luoghi imbevibile, le alluvioni sono diventate una costante, e molte opere pubbliche (strade, scuole, piscine, stadi, teatri e così via) rimangono perennemente incompiute. E non solo si rompe la fiducia nelle istituzioni, ma viene meno l'affidabilità tra cittadini, svanisce la solidarietà, il tessuto che tiene insieme una società. Aumenta impressionantemente la criminalità, perché rubare, ferire, ammazzare costituiscono una scorciatoia per il raggiungimento di quel fine, il privilegio, che è indicato dalle regole reali come il più importante scopo di chi fa parte della società.

Cambiare cultura richiede tempo, e non lo si può fare soltanto con le parole. È necessario che l'esperienza propria e l'emulazione degli altri portino a risultati diversi da quelli attuali. In altre parole che si ricomponga la duplicità delle regole e che quelle reali coincidano con quelle apparenti. È questa la cosa più difficile, perché non credo esista una grande disponibilità ad abbandonare la prassi dell'utilizzazione di sedi separate per la gesione del potere, e quindi per rapportarsi con le istituzioni. Esiste forse volontà di smetterla con la corruzione (non da parte di tutti), ma come rifiuto di uno strumento e non di un sistema.

Negli ultimissimi anni la cittadinanza ha puntato molto sulla magistratura perché venga composta la divaricazione di cui si parla. L'interesse, la solidarietà rivolti all'indagine Mani Pulite dimostrano come il sistema di regole basato sul privilegio sia da molti più sopportato che voluto (insomma ci si comporta così perché è indispensabile se si vuole ottenere un risultato, ma se si potesse fare altrimenti sarebbe meglio). Il consenso verso l'applicazione delle norme penali costituisce esso stesso un inizio di recupero della legalità, ma la strada principale per cambiare non è quella giudiziaria.

I magistrati danno istituzionalmente risposte violente. La repressione consiste esattamente nel collegare una sanzione, che rappresenta comunque una violenza, alle trasgressioni, alle violazioni della legge. Si tratta di risposte che intervengono tutte le volte in cui la convinzione non è stata sufficiente a determinare comportamenti conformi alle regole. L'apparato repressivo entra in gioco, cioè, quando una persona o un insieme di persone, un ambiente, uno strato sociale perdono la convinzione di seguire le regole e vi entrano in conflitto.

Con la violenza si impongono comportamenti, non si creano convinzioni. Anche la repressione è indispensabile, ma svolge efficacemente il suo ruolo quando è diretta nei confronti di frange di irriducibili, o di incerti, in una società in cui la stragrande maggioranza dei suoi membri rispetta le regole perché è convinto della loro utilità. In tale situazione serve a reintegrare, a ricomporre le fratture al patto sociale, e contemporaneamente dimostra l'ineluttabilità dell'applicazione della regola, e quindi della sanzione alla sua violazione, rendendo reale e credibile l'ordinamento. Ma il presupposto è che le regole siano generalmente condivise. In caso contrario le alternative possibili sono soltanto due: o si cambiano le regole, o si modificano le convinzioni.

Se la società deve servire l'uomo, le sue regole devono essere semplici, comprensibili e non vessatorie. Non credo che la complessità delle società moderne richieda un sistema di regole complicato, anzi. Un sistema legislativo complicato e farraginoso ha in sé la causa della impossibilità di essere compiutamente applicato. In più, la difficoltà di interpretazione delle norme espande a dismisura la discrezionalità dell'interprete ufficiale, con grande esposizione al rischio di indurre nella tentazione di vendere a chi la paga un'interpretazione di comodo.

Se la società deve servire l'uomo, ha rilievo centrale la sostanza, e la forma dev'essere funzionale alla sostanza. La complessità, e la contraddittorietà dell'ordinamento dipendono anche da una spiccata tendenza al bizantinismo, che porta a prevedere forme svincolate dalla sostanza che dovrebbero garantire.

Se la società deve servire l'uomo, gli uomini che impersonano le istituzioni non possono servire se stessi, o una parte soltanto della società. Chi l'ha fatto in passato si è reso incompatibile, non per ragioni morali, etiche o di principio, ma perché si è dimostrato dannoso, e continuerà a essere dannoso.

Soprattutto, se la società deve servire l'uomo, la constatazione d'uguaglianza, principio ispiratore della Costituzione, deve diventare per davvero il cardine dell'ordinamento, la base delle leggi e delle prassi.

Tutto questo va fatto da quegli uomini che occupano i posti di comando e di organizzazione della società.

Gli altri, i cittadini "privati", prendano fiducia in se stessi e nell'ambiente in cui vivono. E tengano a mente che nessun cambiamento può avvenire se non sono loro a volerlo e a praticarlo.

Si dirà che tutto ciò costituisce un costo, perché implica coerenza, partecipazione, iniziativa. E comporta un continuo confronto con se stessi, e la fatica del conoscere e dello scegliere. Più che un costo – secondo il mio punto di vista – si tratta di un impegno. Il raggiungimento di qualsiasi obiettivo comporta un impegno, sicché si torna al punto di partenza: si tratta di identificare i propri obiettivi, di vedere quello che si vuole. Se lo scopo è quello di essere utili a noi stessi, l'impegno non rappresenta un costo, ma diventa esso stesso ragione di vita.

Stampa Grafica Sipiel
Milano, ottobre 1998